教育类期刊可持续发展研究

JIAOYULEI QIKAN
KECHIXU FAZHAN YANJIU

陈丽萍 等◎著

教育科学出版社
·北京·

●课题组成员在第四届全国中小学校长发展论坛上与教育部党组成员、国家教育行政学院院长顾海良（中）及副院长牛文起（左六）等合影

●依托《中小学校长》，教育管理杂志社每年举办一届全国中小学校长发展论坛，图为国际友人及与会代表听取第四届全国中小学校长发展论坛报告

●教育管理杂志社举办学术报告会

●教育管理杂志社欢迎张楚廷先生（左五）

●部分课题组成员与教育部原副部长周远清（中）合影

●课题组成员正在进行学术讨论（一）

● 国家教育行政学院领导与教育管理杂志社工作人员合影

● 课题组成员正在进行学术讨论（二）

序

——论教育类期刊的可持续发展

    期刊是期刊的组织者、管理者、编辑者的期刊，同时又是他们生命状态的一种体现。课题研究者们提出了期刊可持续发展的问题，这本身就表明，他们不仅自觉其存在，而且自觉其发展，自觉掌控自己的生命状态。

    生存是发展的基础，但生存不等于发展。活着的状态和方式都可能是不一样的。安然自得地活着，富有活力地活着，都是活着，都是生命的存在状态。人与其他生命所根本不同的是，人可以掌控这种存在状态，人可以让生命更富有生命力，人可以去把握生命本身的演变进程，从而让生命这种存在变得格外不同。

    可持续发展是一种极具生命力的存在。可持续发展既包含富有活力的存在，又包含这种活力在存在中发展，还包含这种发展不仅不为未来的发展增添障碍，还为未来的发展创造更好的前提，在发展中为未来更好地发展奠定坚实的根基。因而，可持续发展是包括了三层含义的。

    在中国近现代史上，某一阶段的发展事实上为后一段的发展带来巨大困难的情形时有发生，这一批人所寻求的发展给下一茬人所企求的发展带来巨大障碍的情形也不罕见。前人只考虑了前人自己的发展，而未曾多多考虑后人的发展；前段只顾前段的发展，而全然未顾及后段的发展，这正是可持续发展的反例。于是，曲曲折折、坎坎坷坷，留下种种遗憾。

以上说的是一般意义下的可持续发展。现在是讨论教育的可持续发展，而且是教育类期刊的可持续发展。所以，还有必要关注它的可持续发展的特定含义。

期刊办不下去乃至倒闭的情形，在历史上是屡见不鲜的，具有持久生命力且越办越兴旺的期刊也历历可数。

这里，我谨对教育类期刊的可持续发展谈几点肤浅的看法。通俗点说，期刊办得好，就可持续发展，因此，在某种程度上，我们也就要讨论期刊怎样才算办得好的问题。

从事教育的人，都常跟书报杂志打交道。尤其是他们喜爱的那些书刊，他们常常是要放在案头或床头的。这种期刊就会有生命力，其可持续发展就有了基本的保障。或者说，它有了稳定的市场。

有的期刊，把自己的市场看得很辽阔，无所不包。因此，它要设置许多栏目，让众人"采购"。但这种期刊也有丧失独具特色的风险。这需要每个栏目都有市场调查，都有出色的编辑。

实际上，期刊不只在于寻求市场，还需要拓展市场、培育市场。这需要费更大的工夫。

有些期刊并不求主题的宽阔，而求专门，以专门和独到而立足。优先看重的，恐怕还是教育自己，优先从教育自身来探讨教育，与其他领域相关的课题也是值得关注的，但宜是次位的。次要并不是不重要，但其重要性是从教育本身获得的。

与书籍有所不同的是，期刊应当更迅速地反映教育现状，应更迅速地反映最新理论成果。

教育期刊既要看重教育工作者已关注的方面，也要关注他们尚未关注却应去关注的方面。在这个意义上，期刊不是也有引领的作用吗？

　　陈丽萍教授带领的学术团队开辟了教育类期刊可持续发展的课题研究，这一课题本身就具有新意，其意义也显而易见。这本书贯穿着理论研究与实践相结合的特点，体现了一种特有的研究风格。如此，我们便可以静下心来，潜心研究，以提高教育类期刊的办刊水平，实现其可持续发展。

　　我应邀为《教育类期刊可持续发展研究》这本书写了以上一些话，是为序。

　　　　　　　　　　　　　　　　　　张楚廷

　　　　　　　　　　　　　　　　　2012 年 12 月 8 日

目　　录

总　论
——探讨教育类期刊可持续发展的改革之路

随着社会主义市场经济体制改革的完善与发展，文化体制改革应运而生，教育、科学、文化事业的发展迎来了新机遇。作为教育改革发展的宣传阵地，教育类期刊已然置身于社会历史转型的关键时期。综观当下，我国社会经济持续、稳步向前发展，综合国力显著提高，发展教育、科学事业，繁荣社会主义文化成为全民族的心声，也是国家软实力的重要体现。因此，教育类期刊发展进入大有可为的重要战略机遇期。

然而，事物的发展往往会带来双重效应。时代的进步、科学的发展、文化的繁荣在带来新机遇的同时，也带来新的挑战，既给教育类期刊的生存和可持续发展提供诸多的有利条件，同时也使之面临新情况、新问题。在新的历史条件下，分析教育类期刊的生存环境，研究并把握教育类期刊动态变化规律及未来发展趋势，加快教育类期刊特色、品牌建设，拓展多元化经营渠道，完善期刊运营机制，进而建立起有序规范、高效灵活、优质领先的教育类期刊运营模式，成为当前教育理论工作者和教育实践工作者们亟待完成的一项重要课题。

鉴于此，国家教育行政学院将"教育类期刊可持续发展研究"列为学院重点课题，依托教育管理杂志社相关科研人员就该问题进行了深入的理论研究。以交叉学科为融合，就教育类期刊可持续发展的理论内涵、社会影响因素，以及相关政策、法律基础等问题进行了深入研究和广泛探讨，提出在社会主义文化事业蓬勃发展的大背景下，教育类期刊发展必须与文化体制改革发展和教育体制改革发展相一致，充分利用其已有资源，创新管理体制，着力打造期刊特色品牌。如此，构建多元化经营模式，走教育类期刊持续、协调、科学发展之路，既是顺应国家文化体制改革的战略需求，更是教育类期刊发展的生命脉搏。

一、教育类期刊可持续发展的研究背景

21 世纪以来，我国社会主义经济建设发生了重大调整和转型，社会主义建设事业掀开了新的历史篇章。党的十八大报告对我国社会主义文化建设提出明确要求："要坚持把社会效益放在首位、社会效益和经济效益相统一，推动文化事业全面繁荣、文化产业快速发展。"温家宝总理在 2012 年政府工作报告中指出："深化文化体制改革，继续推动经营性文化单位转企改制。提高文化产业规模化、集约化、专业化水平，推动文化产业成为国民经济支柱性产业。"为了满足人民群众精神文化的需求，使科教文化事业适应经济体制改革的步伐，在多方合力的作用下，教育类期刊的生存和发展环境呈现出鲜明的时代特征。

（一）文化大发展的改革背景

十七届六中全会审议通过的《中共中央关于深化文化体制改革推动社会主义文化大发展大繁荣若干重大问题的决定》，科学概括和深刻阐述了中国特色社会主义文化发展的道路，明确提出了"要坚持社会主义文化发展道路，努力建设社会主义文化强国"的思想目标，详细阐述了社会主义文化发展的内涵、特征及举措。与之相配套，2012 年 2 月 15 日，中共中央办公厅、国务院办公厅印发了《国家"十二五"时期文化

改革发展规划纲要》，该《纲要》明确指出了文化体制改革的目标，即"到 2015 年文化体制改革重点任务基本完成，文化体制机制充满活力、富有效率，有力促进文化科学发展；现代文化产业体系和文化市场体系基本建立，文化产业增加值占国民经济比重显著提升，逐步成长为国民经济支柱性产业"。2012 年 2 月 28 日，文化部出台了《"十二五"时期文化产业倍增计划》，该《计划》明确提出，"文化产业增加值年平均现价增长速度高于 20%，2015 年比 2010 年至少翻一番"。

上述这些政策文件的出台，成为当前和今后一个时期指导我国文化体制改革和发展的纲领性文件，充分体现了国家文化大发展的战略部署，为积极推动文化体制改革提供了重要的政策依据和组织保障。作为文化事业重要组成部分的教育类期刊，在这一时代背景下，更加明确了自身的发展目标和改革任务。

（二）出版体制的改革背景

根据中央关于文化体制改革的要求，为进一步推进新闻出版体制的改革，推动新闻出版业大发展、大繁荣，新闻出版总署出台了《关于进一步推进新闻出版体制改革的指导意见》，该《意见》进一步阐述了推动新闻出版体制改革的重要性、紧迫性，明确指出了新闻出版体制改革的指导思想、目标、原则、任务和要求，为新闻出版体制改革提供了政策依据和组织保障。

随着新闻出版体制改革的进一步深化，教育出版机构改革也深入其中，结合教育出版机构的实际情况，目前已将教育出版机构划分为事业单位和企业单位两种体制模式。如何推进教育类期刊的体制改革，并确保教育类期刊继续发挥其特有的职能，成为文化体制改革下一步的工作重点。

在出版体制改革的大背景下，如何把握体制、机制改革契机，提高教育类期刊的市场竞争能力和发展能力，实现教育类期刊可持续发展的良性循环，既是本研究的出发点也是落脚点。

（三）网络信息高速发展的背景

近年来，网络、手机、电子阅读器等新媒体技术迅速兴起，在人们日常生活中逐渐普及，并日益扮演着不可或缺的重要角色。2012 年 1 月，中国互联网络信息中心（CNNIC）发布了《第 29 次中国互联网络发展状况统计报告》。该《报告》显示，截至 2011 年 12 月底，中国网民规模已突破 5 亿，互联网普及率较 2010 年提升 4 个百分点。在网络信息技术蓬勃发展，以及新时代人们实际需求的催生下，出版媒介融合趋势进一步加快，数字出版、网络出版、手机阅读等新名词逐渐为人们所熟知，网络图书、电子杂志、手机报、电子图书已经渗透到人们生活的方方面面。

随着信息和新媒体技术的不断更新，数字出版产业发展逐渐趋于多元化，表现形式也更为多样。数字化出版是传统出版在网络技术平台、手机平台等新型传播载体上的延伸，传播者经过选择、编辑和制作，将传播内容在网络媒体、手机媒体或其他电子媒体上进行储存或者发送，提供给受众群体浏览及使用的新型信息传播方式。以网络出版物为代表，目前网络出版物主要包括互联网图书、互联网报纸、互联网杂志、互联网音像出版物等等。以电子阅读器、手机为代表的新生载体在数字出版领域掀起了又一场轩然大波，出现了如电子书、手机报等数字出版物，进一步充实、扩大了数字出版的内容和形式，延伸了人们的阅读方式，也改变着人们的消费观念。

在网络信息高速发展的形势下，传统纸质媒体不可避免地受到冲击。一方面，数字出版产业以其超强的集中度和强大的资源优势、平台优势，储存海量内容，同时以超快速、超高效的传播力量，不断挤占传统出版业的生存空间。另一方面，纸质媒体为了寻求新的发展路径，纷纷采取了相应的变革措施。有的传统出版集团借助自身的资源优势，运用网络信息技术手段，建立起数字出版平台，积极推进数字出版产业；有的在继续保留传统出版形式的基础上，开辟新的网络出版业务，这种方式为大部分传统出版社所采用；还有的直接摒弃传统出版方式，全面攻入网络出版新领域。

在这一背景下，中国出版业走向改革之路，向数字平台延伸已然是大势所趋，出版界传统媒体与新兴媒体的融合日趋明显。例如，一些商业期刊和科技期刊已经实现了纸质内容上网，网络出版形式和传统纸质出版形式共存。与此同时，中国出版集团以及一些省级出版单位等也相继成立了数字出版部门，在数字出版方面进行了有益的尝试并取得了突出成就。

教育类期刊在媒体传播中占有重要地位。教育类期刊可以充分利用网络新媒体技术平台，以新媒体为技术载体，通过数字服务平台为广大受众群体提供便捷有效的教育信息，架构起传播知识、传承文化的数字桥梁。因此，教育类期刊依托网络新媒体技术谋求发展，将会使其成为推动教育体制改革与发展的重要力量，也是使教育更好地发挥其社会价值功能的重要体现。

尽管目前我国教育类期刊对网络资源的开发利用率普遍偏低，教育资源在数字出版发行中的巨大优势和深厚潜力还未开发出来，但一些教育类期刊在网络化、信息化、数字化等方面已经作出了积极的尝试。例如，中国教育报刊社编辑出版的《人民教育》《中国高等教育》《中国民族教育》等教育类杂志，是反映中国教育现状和教育改革与发展的重要窗口。2000 年这一传统出版机构正式进入国际互联网，并于 2006 年更名为中国教育新闻网。这几种教育类杂志也被逐步纳入教育新闻网这一网络化出版运营平台中来。中国教育新闻网平台上的《人民教育》杂志，目前设有理论、管理、教学、文化四大板块，包括视点、特稿、思想前沿、杏坛百家、特别报道、管理纵横、现代校长等频道，充分利用网络平台，整合教育信息资源，为广大读者提供更全面、更快捷、更新鲜的资讯，具有更强的互动交流功能。国家教育行政学院教育管理杂志社在这方面也作出有益尝试，开设了教育管理杂志社网站，在提供丰富的期刊信息内容的同时，还为读者订阅期刊提供服务，创立了读者反馈机制和交流平台，加强了教育管理杂志社与读者群之间的沟通和交流。

（四）教育改革发展的背景

改革开放以来，中国教育事业取得了长足的进展。基础教育方面，九年义务教育已全面普及，农村义务教育的财政投入加大，城乡教育差距正在缩小；职业教育方面，国家把职业教育放在更加突出的位置，着力构建现代职业教育体系，职业教育管理体制更加完善，职业教育服务经济社会发展取得了重大突破；高等教育取得了跨越式发展，高考录取制度改革稳步推进，提高质量成为高等教育改革发展的核心任务。经过30 多年的努力，中国教育已经走出了一条具有中国特色的改革发展之路。

党中央、国务院颁布的《国家中长期教育改革和发展规划纲要(2010—2020 年)》（以下简称《教育规划纲要》），对我国未来十年教育改革和发展进行了全面部署，指出"教育要发展，根本靠改革"，把改革创新作为教育发展的强大动力。具体措施包括：创新人才培养体制，改革办学体制，改革教育管理体制，改革质量评价标准，改革考试招生制度，改革教学内容、方法、手段，建设现代学校制度等。《教育规划纲要》明确提出了教育事业发展的战略目标和主题，对各级各类教育体制、教育结构、改革目标及保障措施进行了重点阐述。在新的历史条件下，教育改革与发展对促进我国经济建设有着深远的意义。《教育规划纲要》指出："优先发展教育、提高教育现代化水平，对实现全面建设小康社会奋斗目标、建设富强民主文明和谐的社会主义现代化国家具有决定性意义。"为了贯彻、落实《教育规划纲要》精神，国务院办公厅印发了《关于开展国家教育体制改革试点的通知》（国办发〔2010〕48号），国家教育体制改革试点工作全面启动，一批改革目标明确、政策措施具体的教育改革项目完成备案程序。当今世界发展格局复杂多变，我国亦处于改革发展的攻坚期。在这个注重科技进步和发展、提倡科教兴国的时代，整个社会对教育的投入和关注日益加强。把握教育发展的阶段性特征，全面推进教育事业科学发展，坚持以人为本，遵循教育规律，面向社会需求，提高教育现代化水平，成为各行各业的广泛共识。

期刊是文化的载体和知识传播的工具，文化知识、期刊载体二者唇齿相依，教育类期刊以刊载教育信息为主，服务于教育改革与发展大局，属于教育宣传、传播媒介，是教育知识的重要传播平台，是教育改革和发展的重要展示窗口，是教育行业内的信息沟通桥梁，具有鲜明的教育指导性。教育类期刊对于推动和促进政治、经济、社会和文化的发展具有重要现实意义。如前所述，目前正是我国教育改革与发展的重要时期，教育类期刊应与教育改革发展步伐相一致，全面准确把握有关信息，发挥其特有的教育职能和传播功能。

二、教育类期刊的发展现状

认识当前教育类期刊的发展现状、存在的主要问题，是开展教育类期刊可持续发展研究的实践基础。

（一）教育类期刊的发展优势

数字化出版时代，教育类期刊有自己得天独厚的优势，我们应当充分认识教育类期刊的特征，采取适合教育类期刊的发展措施，充分发挥教育类期刊的传播优势和社会效益，扬长避短促其长足发展。

教育类期刊与商业期刊、科技期刊、文学期刊等其他期刊类型相比，具有较强的专业性和政策导向性，传播渠道传统而单一。对此，教育类期刊可以在沿用原有传播渠道优势的基础上，通过更新传播手段，建立符合新平台的运营机制。此外，教育类期刊受众群体指向明确，但同时又具有多层次、多样化的特点。即受众群体基本上都属于教育领域内，同时处于不同文化层次，受众群体知识构成以及成员社会结构易于分类。这就要求教育类期刊在明确主体受众的基础上，更准确地细化受众群体，根据受众个性特征，明确期刊的市场定位和固定读者群，形成个性化出版，满足各层次受众群体对教育信息的需求。另外，教育类期刊的受众群体普遍有较好的知识储备和学习创新能力，是推动时代进步的直接参与者和建设者，这为教育类期刊的改革和发展提供了坚实的基础和必要的支持，也使教育类期刊改革和发展具有可行性和必然性。

（二）教育类期刊的发展瓶颈

从教育类期刊的需求背景、受众群体等方面来看，教育类期刊确实具有诸多有利因素。然而，在应需发展的有利条件下，教育类期刊又受到现实环境、生存背景以及自身特性、条件等的局限，面临着诸多发展瓶颈。

在我国教育理念与教育组织结构等特点的影响下，教育类期刊具有显著的行业强制性、专业指导性和行政引导性等特点，在传统出版市场中呈现出明显的计划体制形态。而现实情况是，国内外发展形势已发生巨大的变化，世界经济格局深入调整，全球经济一体化不断发展，我国经济结构调整早已进入市场化轨道，网络数字化技术高速发展，教育体制改革和出版体制改革正在进一步深化。教育类期刊置身于这样一种大环境下，其传统办刊模式的优势逐渐在消退，加之发展转型速度变缓甚至滞后于文化产业改革的整体步伐，从而导致了教育类期刊作为一种独特的文化产业面临着诸多发展困境。因此，现时期教育类期刊改革任重而道远，肩负着抓住机遇、找准方向、突破发展瓶颈、创造更好的社会效益和经济效益的历史使命。

首先，体制困境。教育类期刊长期以来因其专业性、行政性特点突出而形成固定模式化的管理体制，这种管理体制已然不能适应当今社会经济发展的总体要求，尤其是在我国进入社会主义市场经济体制改革发展进程之后，更是显得经验不足，成效不高，极大地制约了教育类期刊做大做强，制约了教育类期刊实现跨媒体、跨区域、跨行业的发展。

其次，缺乏现代出版传播理念的指导。教育类期刊因专业特色明显，功能区位相对明确单一。因此，同领域内在办刊理念、经营方式、期刊定位方面不免出现同化倾向，同时，教育类期刊受众群体目标明确，区域定位固定，导致教育类期刊经营模式传统化，发行方式固定化，整体看来，市场化程度较低，不利于整个教育类期刊市场的培育与发展。

最后，网络化程度较低，数字出版格局尚未形成。教育类期刊传统出版单位现有的数字化水平，还远不能满足新媒体发展趋势下人们对教育信息的需要。在网络新媒体时代，尽管数字化教育类期刊数量颇多，但其中真正实现数字化出版，成功实现机制转型的期刊社寥寥无几。

（三）教育类期刊的发展趋势

在新时期新形势下，如何充分发挥教育类期刊自身优势，突破发展瓶颈，紧跟时代发展步伐，明确发展目标及方向，实现可持续发展，进一步提高质量和水平，成为目前教育类期刊发展的核心问题。

一些教育类期刊积极应对新形势，在工作实践中开展了实质性的探索。以本书的案例研究对象国家教育行政学院教育管理杂志社为例，该杂志社承办五种教育类期刊，近年来，在管理体制、运营机制等各方面作出了卓有成效的尝试：积极树立期刊品牌形象，着力推进期刊网络信息化建设，搭建新媒体平台；积极推进市场化进程，改革发行机制，加强与市场对接，开拓多元化经营模式；加强队伍建设，改革用人制度，促进人员结构优化；改革分配制度，实行优劳优酬的原则，激发教育类期刊发展的动力和活力，努力探索教育类期刊的长远发展问题。

也有许多教育类期刊出版单位提出加强教育类期刊的市场化进程，从树立先进的出版理念入手，促进教育类期刊的运营机制转型，进而达到可持续发展的目的。例如，模式一：提倡明确期刊市场定位，建立期刊定位机制，及时分析研究市场反馈信息等，形成差异化经营体制，满足受众信息需求，真正服务于读者，扩大影响面，获得市场的认可。模式二：整合开发核心资源，提高期刊的质量水平，打造出一批具有影响力的期刊品牌，形成期刊的核心竞争力，走内涵式发展道路。模式三：

走多元化出版发行模式道路。积极开辟多元经营渠道，加大宣传力度，搭建并拓展广告合作平台，建立健全完善的发行网络体系，充分利用现有资源和有利条件，重视并做好期刊征订、发行工作。模式四：紧紧抓住网络信息化时代发展机遇，使之成为期刊未来发展的巨大引擎。一方面，积极促进期刊的数字化出版发行，实现跨媒介生存。另一方面，以此为契机，推进期刊发展战略结构的重组等。

三、教育类期刊可持续发展研究的意义

教育类期刊作为教育科学和教育事业的重要展示窗口和传播平台，记载了我国教育科学的发展变迁，见证了我国教育事业的发展历程。教育类期刊是广大教育工作者明确教育事业发展方向的指南针，是教育行政部门、教育主管部门的耳目喉舌，肩负着崇高的社会职责和历史使命。对教育类期刊开展深入研究，探讨教育类期刊可持续发展不仅对期刊自身发展大有裨益，同时对推动和促进文化、教育发展，乃至经济、社会发展也具有深远的意义。

（一）有利于促进教育类期刊的健康发展

教育类期刊可持续发展研究的根本目的是促进教育类期刊健康、有序发展。首先，通过研究有助于对教育类期刊发展现状形成全面、明晰的认识，即对其发展水平、影响因素、发展条件以及存在的问题和局限等进行系统的认识，从而有助于教育类期刊发展目标的明确及具体步骤措施的制定，同时也为教育类期刊的社会价值、性质职能的认定提供理论上的依据。此外，对教育类期刊可持续发展的深入研究有助于对教育类期刊的发展前景作出科学准确的分析和预测。通过对研究对象发展现状及存在的问题进行分析研究，可以明确今后发展中，要注意避免哪些问题，应重点促进哪些方面的改革，为研究对象制定出科学合理的可持续发展规划提供理论依据。

（二）有利于推动教育事业的改革发展

教育类期刊自身的发展也是中国教育发展的重要组成部分。教育类期刊直接为教育事业服务，研究其未来发展方向、办刊模式有利于教育改革与发展的稳步推进。教育类期刊服务于广大教育事业工作者、参与者，受众群体广泛，是重要的教育科学传播平台。教育类期刊要积极为教育科学研究和教育事业发展服务，密切关注国内外教育发展动态以及重大教育改革问题。教育学界应当广泛借助教育类期刊传播平台，积极发表各种有价值的教育研究成果，为教育事业发展提供可资借鉴的理论基础和工作方略，积极参与到推动教育改革与发展的工作中来。因此，建设更好的信息发布和知识传播平台，显得尤为重要。教育类期刊可持续发展研究为教育类期刊的发展方向、传播途径、传播效果的提升提供可资借鉴的模式，有利于促进教育资源共享、教育信息传递和教育科学传播活动的健康、有序开展。

（三）有利于引导出版事业的科学发展

教育类期刊作为出版传媒领域的一方重镇，在出版机制改革进程中若能率先实现整体转型，并在这一过程中制定行业科学发展规划，打造出一批有影响力的教育类期刊品牌，培育期刊核心竞争力，形成健康有序的运营机制，建设契合网络时代的新体系，将有利于出版事业整体的改革和发展，有利于新时代出版行业市场竞争体系的形成。同时，通过对教育领域内受众群体进行细分，可以借机建设教育类期刊产品群系。一方面，通过细分可以实现更优质更具针对性的传播效果，是出版事业现代化的重要体现；另一方面，可以进一步扩大教育类期刊的受众群体，扩大教育科学的普及面，实现教育类期刊出版及传播活动社会效益与经济效益的有效统一。

四、教育类期刊可持续发展研究的方法和技术路线

（一）教育类期刊可持续发展研究的方法

方法技术是科学研究的关键要素，科学研究工作必须建立在科学的方法基础之上。本书主要采用文献分析法、内容分析法、个案研究法及比较分析法等多种方法对教育类期刊可持续发展问题展开科学系统的研究。

1. 文献分析法

科学研究首先要收集和积累相关信息，通过对信息的分析、评价，提出自己的研究目标、任务和方案。这其中最典型的方法是文献分析法。它是根据具体的研究对象和研究目标，通过搜集、整理相关的文献资料并对之进行筛选、鉴别以及分析研究，获得事实性材料，形成客观性、历史性认知，达到调查研究目的的一种研究方法。其实质是搜集、选取与研究对象、目标有关的文献资料，并恰当地分析使用这些资料，以达到某种研究目的。该研究方法具有历史性、灵活性、继承性和创造性相结合等特征，并广泛应用于各个学科研究领域中。

本书中关于教育类期刊的定义、理论内涵、教育类期刊发展的法律基础等部分，采用了这一最基本的研究方法。通过对文献包括图书、期刊、学位论文、科学报告、新闻报道等各种形式的信息材料进行有针对性的搜集、整理和分析，全面、深入地理解相关信息，进而形成分析结论和研究成果。

2. 内容分析法

内容分析法是分析信息内容的一种系统方法，是一种客观化、系统化和数量化的描述。其实质是通过对信息内容的量及其变化的分析，经过层层推理，推断出准确的意义。该分析方法具有系统性、客观性、定

量性三个突出特点，其分析过程包括确定研究目标和研究主体对象、确定分析单位、设计分析类目、抽样和量化信息、分析推论等。内容分析法应用范围广阔，自然科学、社会科学以及跨学科专业研究中都可能用到内容分析法。在教育科学研究中，内容分析法可以用于对教育及教育研究的趋势预测，例如，现状分析、比较分析、趋势分析等。

本书在对我国教育类期刊发展现状进行分析研究时，采用了这一基于定性研究的量化分析方法。在对相关文献内容和资料作出客观系统的定量分析的基础上，力求通过分析统计数据，得出具有一定价值的定性结论，揭示文献所含有的隐性情报内容。例如，教育类期刊的受众群体个性特征、教育类期刊发展的主要影响因素分析等，就是充分运用内容分析法对之进行全面的分析研究，并形成系统的信息知识架构。

3. 个案分析法

个案分析法也称案例分析法，是以具有代表性的某一单个主体为研究对象，在对其进行客观全面分析的基础上，得出具有一定价值的研究结论。本书在分析教育类期刊可持续发展的基本理论的基础上，以国家教育行政学院"五刊"（即《国家教育行政学院学报》《中小学校长》两个公开刊物，以及《基础教育改革动态》《职业教育改革动态》《高教领导参考》三个内刊）为个案研究对象，具体分析了"五刊"各自的发展历程、生存现状、办刊模式以及存在的问题，并在此基础上提出对策建议等。

4. 比较分析法

比较分析法是按照特定的指标系将客观事物加以比较，以认识事物的本质和规律并作出正确的评价。比较分析法是社会科学研究的基本方法之一，它主要依据一定的标准，对两个或两个以上相关的事物进行全面考察，比较其异同，探寻其中的规律。本书在案例分析过程中，采取比较分析法对"五刊"进行了纵向上的刊物发展过程比较以及横向上的同类刊物之间的比较研究，以探寻教育类期刊的发展规律，更好地指导办刊实践。

（二）教育类期刊可持续发展研究的技术路线

本书的技术路线主要采用社会科学研究的一般研究路线，包括调查研究、制订方案、方案试行、实施反馈、方案修正、方案再试行、再反馈、方案基本成熟后推广实施等过程。

第一，对教育类期刊发展现状和存在的问题进行初步调研，在明确教育类期刊面临的关键问题的基础上，确定研究目的，界定研究对象，明确研究的现实意义，大胆提出科研设想，进而明确研究思路，确立研究方案，申请课题立项。

第二，在前期准备工作的基础上进一步确定本书的研究框架，确定主要研究部分。在这一阶段，设定了本书的基本框架，即根据目前的研究现状和问题所在，深入剖析研究对象的概念、影响因素、法律依据等内容，进一步提出品牌建设和多元运营方略。最后结合个案，分析教育类期刊可持续发展的对策建议。

第三，确定研究人员，召开分析讨论会。首先是组织一支高水平高素质的研究队伍，搭建一个能发挥各参与人员所学所能的平台。其次是多次召开分析讨论会，明确成员分工，充分展开交流，力求成员对本研究基本形成广泛深入的探讨与共识。

第四，各研究小组分别行动，搜集相关的信息资料，完成相关调研。各小组成员根据自己负责的内容，充分搜集相关信息，在对材料进行深入调查研究的基础上，得出分析结论，形成较成熟的研究观点。

第五，撰述成文，汇总统稿，三修三校。首先，各成员对调研结果和研究结论进行准确的表述和逻辑上的梳理，经过组稿和统稿，形成文献形式的科研成果。其次，根据情况需要召开三次以上的成果研讨会，各参与者对研究成果的各个部分进行审读校对，并提出修改意见，各部分撰稿人参考修改意见，对文稿进行反复修改，最后完成结集出版工作。

五、本书的主要内容和创新点

（一）主要研究内容

本书首先对教育类期刊可持续发展的理论进行了创新。一是通过对期刊可持续发展动态变化规律和未来趋势进行研究，提高教育类期刊可持续发展的预测能力；二是提出建构教育类期刊可持续发展的理论模型，对教育类期刊可持续发展的程度进行有效评价，对教育类期刊可持续发展的方向进行及时纠正。这样，既丰富了可持续发展的内容，也丰富了教育类期刊的理论研究。在实践层面上，以国家教育行政学院"五刊"为案例，进行纵向及横向比较分析。研究的内容主要包括所选个案的发展历程及办刊特点，同类刊物影响分析、网络信息发展影响分析、可持续发展经验探析，以及目前期刊存在的问题以及对策建议等。具体而言，教育类期刊可持续发展研究主要体现在以下几个方面。

第一，教育类期刊可持续发展的理论界定。包括教育类期刊的含义及范畴、受众群体范围等个性特征；期刊可持续发展、教育类期刊可持续发展的理论内涵；教育类期刊可持续发展研究的理论基础、研究现状及进展方向等内容。

第二，教育类期刊发展的影响因素分析。分析市场竞争体制下，社会政治、经济、文化等影响因素对教育类期刊发展的影响；阐述网络等新兴媒体给教育类期刊发展带来的机遇与挑战；在论述教育类期刊的发展瓶颈、发展机遇的基础上，提出破除机制体制障碍的理论构思。

第三，教育类期刊发展的法律基础。主要从编辑出版、运营、选题策划等三个方面阐述教育类期刊可持续发展的法律依据，分析目前相关法律对教育类期刊可持续发展的法律保障、制约因素，以及目前相关法律政策有待进一步改进的问题。

第四，促进教育类期刊可持续发展的有效途径分析。将理论与实践紧密结合，从教育类期刊特色品牌的构建以及教育类期刊的有效运营两个方面，分析制约教育类期刊发展的瓶颈以及实现期刊可持续发展的有效路径。

（二）创新点

摸索式的探究必然会在理论和实践上面临诸多的问题与挑战。如此，在理论科学和实践经验双重需求的推动下，教育界以及其他相关领域的研究学者在更广泛的层面上对教育类期刊的发展变革进行了更深层次的调研，并在此基础上提出各种观点和见解。

目前，关于教育类期刊的发展研究主要聚焦于以下几个方面：

关于教育类期刊史的研究。该论题体系下，各学者注重从史学的角度，将教育类期刊发展史与教育发展史、期刊发展史、社会发展史等联系起来，从教育类期刊、教育、期刊、社会等领域范畴对教育类期刊发展历程及生存环境进行广泛深入的研究。

教育类期刊产业发展研究。该论题体系注重从市场经济大环境下，研究教育类期刊如何适应新的历史条件，在市场经济体制下积极开展转型转制，分析教育类期刊经营新模式、教育类期刊品牌战略发展的构思、教育类期刊产业市场的结构等。

传媒领域内目前最热点的问题之一就是网络信息时代下，出版传媒行业的数字化、网络化、信息化。反观教育类期刊研究领域，有相当一部分研究也聚焦于新媒体、网络信息背景下教育类期刊的发展方向、发展策略研究。该部分研究从现实的网络技术发展现状出发，从技术、平台、资源、手段、渠道等多方面分析教育类期刊如何接受新技术的挑战，把握新契机，实现健康稳定的发展。

与上述相关研究相比较，本研究的创新点在于：

第一，首次在可持续发展的理论框架和研究范式下，探讨教育类期刊的可持续发展对于推动促进政治、经济、社会和文化等可持续发展的途径、方法和意义；探讨政治、经济、社会和文化等诸要素对于教育类期刊可持续发展的反馈机制和反作用，辩证、客观地分析上述两者之间的双向互动机制与双向互动功能。

第二，首次提出建构教育类期刊可持续发展的理论体系。对教育类期刊可持续发展的研究对象、理论内涵、影响因素、法律基础、运营策略等重要内容进行了深入系统的分析与研究。同时以国家教育行政学院所办的五种教育类期刊为案例，深入探讨了教育类期刊从创办到发展壮大，再到可持续发展的客观规律。在总结多年实践经验的基础上，分析了办刊过程中遇到的困难，提出了解决问题的对策和建议，进而对教育类期刊的可持续发展作出科学预测。

第三，本研究把可持续发展理论应用到教育类期刊的发展研究中，将理论与实践相结合，既是对可持续发展理论的实际应用，也是对可持续发展理论的深入发展。一方面，本研究运用可持续发展理论指导实践工作，深刻认识教育类期刊的办刊特质，是可持续发展理论在实践工作中的具体运用；另一方面，教育类期刊的可持续发展研究进一步丰富和发展了可持续发展理论，使之成为可持续发展理论体系中的重要组成部分。

第四，本研究在对教育类期刊的发展现状进行全面系统分析的基础上，提出在新媒体时代背景下，如何调整教育类期刊的办刊模式和发行机制，并在理论上予以分析解答。

第五，本研究以教育学、社会学、传播学等多学科为理论基础，从教育领域和出版领域对教育类期刊的发展现状、发展趋势以及影响教育类期刊可持续发展的诸要素等进行全方位、多角度研究，试图总结和凝练出教育类期刊可持续发展的科学规律，并提出具有针对性和操作性的对策与建议。

理论源于实践，实践呼唤理论指导，本研究以实践为基础，将教育类期刊的可持续发展的理论探讨作为研究重点，在可持续发展的理论框架和研究范式下，为教育类期刊的可持续发展提出具有可操作性的对策和建议。但愿本研究能为教育类期刊可持续发展尽绵薄之力，能为繁荣教育类期刊的理论研究抛砖引玉，能为教育类期刊领域的实践工作者们提供有益借鉴！

陈丽萍

2012 年 11 月 16 日于北京大兴

第**1**章

教育类期刊可持续发展的界定

第一节　教育类期刊可持续发展的研究对象

期刊作为传播科学技术和文化知识的重要平台，历史悠久、生命力强、自成体系、影响巨大。从词源上讲，与期刊有关的英文单词主要有magazine、periodical、journal 等。"magazine" 一词来源于阿拉伯文 ma-khazin，本义为仓库，引申为知识的集合。"periodical" 的含义比较广，通常包括报纸（newspaper）与杂志（magazine），它们都属于广义的连续出版物（serials）。期刊（journal）是一种不同于电视（television）、广播（broadcast）、报纸和网络（internet）等的相对独立的传播媒介，它具有自身的内涵、特点、运行机制和作用方式。

关于期刊的定义，古今中外有多种认识。在我国，期刊出版单位只有经过新闻出版总署批准，并具有期刊出版许可证和国内统一的连续出版物号（CN 序列号）才能出版。期刊也称杂志。新闻出版总署令第 31

号《期刊出版管理规定》对期刊进行了界定：期刊是指有固定名称，采用卷、期或者年、季、月的顺序编号方式，并按照一定周期进行出版的成册连续出版物，按发行范围分为内刊（省级新闻出版机构批准，内部发行或交流，免费为主）和外刊（外部发行，部分海外发行）两种。《辞海》认为："期刊是由多位作者撰写的不同题材的作品构成的定期出版物。"目前，国际通行的定义是："期刊作为一种连续出版物，是一种有固定名称、定期或不定期连续刊行，每期载有不同著者、译者或编者所撰写的文章、评论、资讯等，用连续的卷期和年月顺序编号出版，每期的内容不重复。"

经过上百年的持续发展，期刊不断壮大和完善，逐渐形成了众多各具特色的期刊群（方阵）和期刊集团。国际上比较著名的有：自然出版集团（Nature Publishing Group，NPG）下属的 Nature 及其子刊系列，HighWire Press 负责出版、美国科学促进会（American Association for the Advancement of Science，AAAS）主办的 Science 及其子刊系列，汤森路透（Thomson Reuters）的 Web of Science 期刊群。国内比较知名的有：中国知网期刊群（CNKI）、万方数据期刊群（Wanfang Data）、维普期刊群（CQVIP）等。由于分类标准（如用途、级别、知识类型、学科领域、出版周期、出版地、数据库等）的不同，期刊被分为不同的类型。比如，按照用途不同，可分为科普资讯类期刊和学术研究类期刊；按知识类型不同，可分为自然科学期刊、社会科学期刊和人文科学期刊（后两者也可合称哲学社会科学期刊）；按学科领域不同，可分为哲学、经济学、法学、教育学、文学、历史学、自然科学、理学、工学、农学、医学等类型期刊；按出版周期不同，可分为旬刊、半月刊、月刊、双月刊、季刊、半年刊、年刊等。《中国大百科全书》新闻出版卷将期刊分为四大类：（1）一般期刊，强调知识性与趣味性，读者面广；（2）学术期刊，主要刊载学术论文、研究报告、评论等文章，以专业工作者为主要对象；（3）行业期刊，主要报道各行各业的产品、市场行情、经营管理进展与动态；（4）检索期刊。我们认为，《中国图书馆图书分类法·

期刊分类表》较具有代表性和权威性，它将期刊分为五个基本部类：
（1）马列主义、毛泽东思想；（2）哲学；（3）社会科学；（4）自然科
学；（5）综合性刊物。在基本部类中，又分为若干大类，如社会科学分
为社会科学总论、政治、军事、经济、文化、科学、教育、体育、语
言、文字、文学、艺术、历史、地理等。

一、教育类期刊的定义

教育类期刊作为期刊家族和教育媒介传播系统的重要成员，既包括
科普资讯类教育期刊，也包括学术研究类教育期刊，前者如《父母必
读》，后者如《教育研究》。教育类期刊从分类上属于社会科学部类期
刊，其传播的内容、方式、渠道等与教育类电视台（如中国教育电视台
CETV）或电台、教育类报纸（如《现代教育报》）、教育类网站（如中
国教育在线 www. eol. cn）、教育类数字图书馆（如中国高等教育数字图
书馆 CALIS）等既有联系也有区别。从国内外关于教育类期刊的研究和
应用来看，尚无专门的索引或辞书对其内涵和外延进行专门界定。

我们认为，教育类期刊就是承载与发布教育相关理论研究、实践应
用结果等资讯的载体，包括印刷型（纸质版）和数字型（电子版）。从
广义上说，在终身教育（lifelong education）和学习型社会（learning so-
ciety）背景下，古今中外所有期刊都是教育类期刊，都有资讯普及和教
化的功能。而狭义上的教育类期刊主要是指承载和发布以学校教育、正
式教育等为主题研究对象的学术或应用结果等资讯的平台。在本研究
中，为了深化对教育类期刊的理论认识并拓展实践应用范围，我们主要
选取国家教育行政学院主办的《国家教育行政学院学报》《中小学校长》
《高教领导参考》《基础教育改革动态》和《职业教育改革动态》五种
期刊作为特色案例进行剖析。"五刊"自创办以来，充分借助国家教育
行政学院作为我国最高教育干部培训基地的资源优势，始终秉承"质量
取胜、特色发展"的办刊原则，及时、准确、快速地反映国家教育改革

发展的大政方针，引领教育领域理论前沿，对教育改革与发展过程中遇到的热点、难点问题进行深入剖析，受到广大教育工作者和教育管理者的普遍欢迎和广泛好评，享有较高的社会声誉。在推动我国教育事业的改革与发展、促进教育管理理论的探讨与交流、提高教育管理者综合素质方面发挥着重要的作用。

教育类期刊，是一种以教育现状和教育研究成果为主要刊载内容，以促进教育事业持续发展和青少年健康成长为主要目的的教育专业传媒，具有鲜明的思想性、教育性和学术性，具有特殊的传播功能，承担着特有的社会责任。

教育类期刊传播的内容和对象与教育活动诸要素有密切的联系，这是它与其他种类期刊的根本差异，教育类期刊的传播对象包括教育者、受教育者、教育科研及教育管理工作者。根据教育类期刊的功能以及传播的内容和对象的侧重点不同，大致可以将其划分为四种基本类型：通讯型、研究型、辅导型和综合型。通讯型教育类期刊的主要功能是及时传达有关政府、党派或者学术团体关于教育改革和发展的要求与精神，刊登与当地教育改革和发展过程中相关的经验、新举措；研究型教育类期刊的主要传播对象是教育科研人员，对与教育相关的理论和实践进行研究和探讨，并将研究成果刊发交流，具有学术性、研究性和创新性的特点；辅导型教育类期刊主要以中小学教师和学生为传播对象，所刊载的内容大多是探讨中小学在教学和学习等方面遇到的教育实际问题，具有帮助教师和学生提高教学水平和学习能力，以及道德修养的功能。此外，教育问题往往是错综复杂的，这就造成教育类期刊在分类方面的模糊性，这种模糊性使很多教育类期刊具有综合性的特点，并发挥着多种功能，可以称其为综合型教育类期刊。①

---

① 杨建华. 中国近代与近代教育理论传播［J］. 大学·研究与评价，2007（3）.

二、教育类期刊的特征

(一) 思想性

国家的未来发展同教育的改革与发展是紧密相连的。教育属于上层建筑范畴，具有鲜明的政治属性和独特的思想倾向性。以为教育服务为目的教育类期刊也具备这一特点。教育类期刊的发展是我国社会主义教育事业改革与发展的重要一环，它通过对教育方针政策的及时、准确、正面的宣传体现其思想性，并充分发挥其舆论导向的作用，为教育事业的发展提供良好的舆论环境。

(二) 教育性

教育类期刊的教育性主要体现在对读者影响的目的性、专业性以及系统性。教育类期刊既要追求经济效应，也要追求社会效益。教育类期刊的社会效益主要表现在其育人的效益。教育类期刊的属性要求其同其他期刊相比，要承担更多的社会责任。教育类期刊的读者，大多数都是教育工作者和学生。教育工作者肩负着教学育人、传播文化的使命与责任。与此同时，许多学生思想不成熟，更需要主流思想和文化的示范引导。因此，为了教育的有效性，教育类期刊更应讲究传播的艺术，更要坚持寓教于乐的办刊思想。

(三) 导向性

教育类期刊所体现的明显导向性主要表现在政策上的倾向和引导。教育类期刊上不乏政策引导性质的文章，这些文章不仅对教育事业的改革与发展起到导向作用，同时，也促使人们关注和了解与国家政治经济、科技文化相关的教育问题，如创新型人才培养、科技创新、可持续发展研究、一流大学建设等等。教育类期刊的导向性也可以通过探讨教育的热点和难点问题、对学术研究的方向进行引导的方式来体现。

（四）实践性

教育本身的实践性决定了教育类期刊的实践性。教育类期刊的实践性体现了它本身的现实价值。教育类期刊能及时地反映出教育工作的进展情况，所刊载的经验性文章对教育实践具有参考作用；同时，那些教育理论性文章也都是在实践中通过积累、总结、创新产生出来的，对于解决教育实践中的实际问题具有指导作用和借鉴意义。

（五）学术性

教育类期刊的另一重要属性是学术性。教育类期刊从本质上说是专业研究期刊，所刊载的文章大多与科学研究有关，是教育科学最新研究成果的重要展示平台，是教育科学学术传承的重要工具，对于文明的积累和民族的繁荣昌盛具有不可替代的作用。学术性是教育类期刊的生命线，我们应该促使教育类期刊走上国际化的道路，严格核查论文的真伪，把加强学术论文的创新性作为提高期刊质量的重要手段，在突出期刊特色的同时进行整体营销，使我国教育类期刊朝着健康、有序的方向大步迈进，从而实现教育类期刊的可持续发展。

三、教育类期刊的主要功能

（一）传播功能

教育类期刊是展示教育研究成果的主要平台，为读者提供最前沿、最新的教育研究信息，及时反映有关教育教学改革创新和探索实践的最新动态和科研成果，并将这些信息及时、准确、全面地提供给广大读者，供人们参考和研究学习。

（二）教育功能

对于教育期刊而言，教育功能是其最主要的功能。教育类期刊上所刊载的内容具有教育性、前沿性的特点，对于广大读者学习教育理论和开展教育科研具有很好的教化和指导功能。同时，读者通过其上所刊载的内容，能够具体、细致地了解教育方针和路线政策的相关信息。它有助于提高广大教育工作者的综合素质和科研水平，在某种意义上起到了导师的作用。

（三）交流功能

教育类期刊既是作者交流教育思想和进行科研探讨的论坛，同时也是读者了解前沿教育最新研究成果的重要途径。它促进了作者、读者和编者之间更好的交流与沟通，也使读者更加平面、客观地对他们所关心的教育问题进行深入的交流，还为教育理论与教育实践能够更好地相互转化提供了重要的交流和实验平台。

（四）指导功能

教育类期刊的指导功能主要体现在对教育工作者发散教育思想和创新教育教学方式方法的启迪，以及对教育研究者的学术研究的引导。教育类期刊的指导功能主要是通过提供最前沿的、最新的教育理论研究成果以及具有借鉴意义的实践经验来实现的。

（五）参考咨询功能

教育类期刊是教育工作者展示思想和表达心声的重要渠道。各级教育主管部门通过教育类期刊能够及时、准确地了解人们对教育问题、教育现象的观点和看法，为教育主管部门制定教育政策提供理论参考和实践依据。教育类期刊也为广大教育工作者提供了对教育的热点难点问题共同探讨和研究的平台，他们探讨和研究的成果也为教育决策提供了参考，推动了教育的改革和发展。

四、教育类期刊与教育研究成果的关系

教育类期刊的生存和发展依赖于教育研究的推进，如果教育类期刊缺少具有较高研究水平的优质稿源，那么期刊的质量和学术地位就很难得到提高，它的生存和发展也将受到制约。像许多内部发行的教育类期刊正是由于缺少资金和优质稿源，生存举步维艰。因此，教育类期刊上所刊载的文章大都同教育研究成果有关，这些文章所体现的研究水平的高低对于教育类期刊能否可持续发展是有至关重要的影响的。

同时，教育研究成果与教育类期刊又是相互依存、相互影响的。教育研究成果不可能完全脱离教育类期刊而独立存在，它只有通过在教育类期刊上展示和宣传，才能得到更好的传播和最大化地实现其价值。教育类期刊不仅能够如实、准确地反映出教育研究的热点、难点问题，而且也能全面、直观地体现教育研究现状和研究水平；另外，那些前沿的教育研究成果通过教育类期刊这个论坛可以得到更好的传播，能够得到更广泛、深入的讨论和研究，通过交流、探讨会激发出不同的学术观点，这些都促进了教育研究的广泛开展，并使之更加具有客观性。教育类期刊的学术性为广大教育工作者和教育研究人员进行学术交流提供了平台，使得教育理论可以更加深入地进行研究探讨以及充分展示，从而使学术研究水平得到进一步提高，学术研究范围得到进一步扩展。

五、教育类期刊与教育研究队伍的关系

教育类期刊是教育工作者和研究人员展示研究成果、交流实践经验、进行学术探讨的主要途径。教育类期刊所传播的最新教育研究动态和教育研究成果能极大地促进教育研究者发散思维、创新思想，启迪学术新人的研究思想和方式方法。同时，对于培育和扩展教育研究队伍、为教育研究界注入新鲜力量起到了推动作用，促使学术殿堂充满生机和

活力。

对于教育类期刊而言，拥有一支高素质的作者队伍为期刊提供优质稿源是保证和提高期刊的学术质量的必要条件；相反，如果没有高水平的作者队伍，就会给期刊带来在稿件的选择上余地太小、稿件质量参差不齐等问题，从而难以保证期刊的研究水平和学术水平。优秀的作者队伍是期刊的宝贵资源，同时，教育类期刊也有利于教育研究队伍的发展壮大，有利于教育队伍科研水平的提升。因此，教育类期刊与教育研究队伍是相互促进和相互依存的，二者缺一不可。①

六、教育类期刊文化属性的主要特征及其表现形式

（一）教育类期刊文化属性的基础性

教育类期刊文化属性的基础性由教育事业在现代化进程中的基础性地位和作用决定，是教育工作先导性、实践性的体现。因此，一方面，教育类期刊必须立足于实际，为社会基础性教育事业服务；另一方面，教育成果的显现往往具有滞后性，因此教育工作者必须着眼今天，放眼未来，具有先进的教育思想和办学理念，具有前瞻性的思维模式和职业习惯。

（二）教育类期刊文化属性的专业性

教育类期刊文化属性的专业性是由教育工作的行业专业性决定的。要求教育类期刊着眼于已有的教育原则、教育理论、教育教学方法等客观规律的总结、分析、研究、交流、传播。为此，在编辑出版过程中，教育类期刊要注意处理好以下几个关系：

首先，学习和创新的关系。随着我国改革开放的展开，我国教育界引进了大量国外的教育思想、教育理念，为我们借鉴国外先进的教育理

---

①　周玉清，毕世栋. 试议教育期刊与教育研究的关系［J］. 北京理工大学学报，2003（6）.

念、丰富的教育经验，开拓思维、创新思想、开阔视野提供了有利条件，对我国教育的改革和发展起到了促进作用。在教育改革与发展的进程中，我们还必须高度重视对我国传统教育文化的深入学习、借鉴和研究。教育类期刊在刊登有关分析研究教育现象和教育改革突出问题的文章时，应加强对教育工作者、教育研究人员以及改革者在传统教育文化方面底蕴的深度挖掘，如果能将传统的教育文化与时代特点相互融合、相互渗透，就能使教育的改革与实践既具有民族特色，又具有时代精神。

其次，共性和个性的关系。现代的教育工作都是按照统一的教育思想、教育标准、教学计划展开进行的，而施教者和受教者因家庭背景、文化水平、道德修养的不同，具有显著的个体差异性。这在给教育工作带来困难和挑战的同时，也使教育工作具有独特魅力和价值。与此同时，教育类期刊一直关注学生的差异性，并倡导以学生发展为本的教育理念，这对教育工作的顺利进行起到了促进作用。当然，在这基础上，我们还应当运用先进的教育思想，探索新的教育模式，为那些处于转型期的青少年的心理、生理方面问题的解决提供更好的条件和方法。随着社会的不断发展，教育对象日益多样化，所出现的教育问题也日趋多元，这就给学校、家庭和社会的教育工作带来了新的课题和挑战，也为教育类期刊提出了新的选题和要求。

最后，拔尖人才与优秀团队的关系。教育类期刊除了传播先进的教育思想和教育最新研究成果外，也承担着推广和宣传优秀教师和拔尖人才的责任，有助于提高教师整体素质。当前，构建和谐教育已经成为时代的主题，教育类期刊作为服务教育及宣传和谐教育的重要平台，针对当前学校长期存在的教师队伍素质良莠不齐的现状，应积极推进教育均衡发展理念，加快优秀教师团队的建设步伐。毋庸置疑，建立一个优秀教师团队是一个繁杂琐碎的过程，其深层原因是优秀教师团队的建立同校园文化的滋养是密不可分的，而要很好地理解和把握校园文化精神，需要编辑具有前瞻性的思想和较高的业务水平。教育类期刊的编辑应当以紧迫的使命感、高度的责任感为教育团队的建设谋划选题，建设具有更高的思想内涵、文化内蕴的平台，使和谐教育具有更坚实的资源保障。

（三）教育类期刊文化属性的地域性

地区的社会经济发展状况直接影响该地区的教育状况。教育类期刊应立足本土文化，不断深入开掘本土文化，办出自己的特色。教育类期刊文化属性的地域性体现在以下几个方面。首先，教育类期刊是区域特有的教育优势、教育特色得以充分展示的平台。其次，教育类期刊是区域教育改革和发展经验的重要展示窗口。最后，教育类期刊展示了区域特色文化对教育工作所产生的积极影响，是丰富区域教育文化的信息渠道。

教育类期刊要想使这些属性得以较为完美地体现，就应当对刊物进行准确定位，保证内容的丰富、连续以及编排的精美。从当前教育类期刊读者的定位情况来看，像面向中小学生的刊物一般都按年段分版，有比较明确的读者对象。但是，大多数以教师为主要读者对象的教育类期刊既没有按照教育类别，也没有按照教师教学的科类来区分，造成了不同学校教师、不同学科的教师共读一本教育类期刊的现象，这种现象一时还难以消除。这就要求教育类期刊找准教师所普遍关注和共同喜好的问题，以"共性"引起"共鸣"，满足主体读者（比如农村教师）的阅读需求，并尽可能起到对主体读者的文化引导作用。

教育过程是一个从小学到大学直至终身的连续的过程，同时每个阶段都有相应的教育任务，因此教育类期刊必须在栏目和选题的策划上特别注意专题化、系列化，促使教育类期刊内容和表现形式的连续性和层次性有机统一起来。而编排的精美，就体现在教育类期刊的封面设计、版式设计以及题图、插图的美观大方。相比于文化生活类期刊，教育类期刊在这些方面仍然有很多不足，尤其是以教师为主要读者对象的刊物更显单调、呆板，缺少亮点，缺少色彩，这是需要长时间的摸索和实践才能解决的问题。不难理解，如果教育类期刊的编排能做到既时尚又不失为人师表的风范，既美观大方又不失高贵典雅，就会更多地赢得读者，赢得市场。①

七、教育类期刊的发展现状

据统计，目前我国的教育类期刊有 630 多种，占人文社科期刊总数的 12.7%，数量仅次于政治学（730 种）和经济学（700 种）。在 630 多种教育类期刊中，学术性期刊有 340 种之多。在 CSSCI 来源期刊中，以 2010—2011 年来源期刊为例，除了高校综合性社科学报（70 种）和综合性社会科学（50 种）这两类"综合"类期刊外，教育学科紧随经济学（72 种）和政治学（39 种），以 37 种来源期刊傲居单科类第三。这在一定程度上反映了社会对教育类期刊特别是学术性教育类期刊有着庞大的需求，以及在这种需求背后所体现的巨大市场价值。在教育类期刊呈现欣欣向荣的发展态势的同时，一些问题也随之产生。

（一）市场占有量大，同质现象突出

教育类期刊属于社会行业类期刊，可以分为通讯型、研究型、辅导型和综合型四种基本类型。其中辅导型又可以分为教育工作指导和教学辅导两种。教育工作指导类主要是指对教育行政管理和教育工作具有指导作用的教育类期刊；教学辅导类主要是指以辅导学校教师教学和学生学习为主要目的的教育类期刊，教育辅导类又可分为中小学学习辅导、大中专学习辅导、成人学习辅导、各级教师教学辅导四大类型。

随着教育行业的迅速发展，教育类期刊市场需求不断增加，发行量不断增长。据传媒蓝皮书《2007 年：中国传媒产业发展报告》统计，2005 年平均期发行量超过 100 万册以上的 15 种教育类期刊中，中小学

---

① 王自立. 教育期刊的文化属性及其表现形式［J］. 教育学术月刊，2007（4）.

教育类期刊有 7 种，占 46.7%。

　　教育类期刊大多是由各级教育行政部门及其直属机构主管主办，其次是由高等院校和出版社主管主办。在这一现实情况下，我国教育类期刊同质现象比较突出。目前，我国几乎每个省区市都有自己的综合教育类期刊，如《湖南教育》《四川教育》《广西教育》《广东教育》。由于各省区市的高考模式不同，教辅类期刊按年级、按地域进行了细分，如苏教版、人教版、北师大版、华师大版等多种版本。而由于教辅类期刊的读者对象大多是教师和学生，且普遍围绕教材和应试进行内容筛选并编刊，因而期刊同质化现象比较突出。

（二）政策优势渐失，生存压力加大

　　教育主管部门得天独厚的资源优势以及庞大的市场需求，促使教育类期刊快速发展。随着市场经济的不断发展深入，教育类期刊的行业优势以及行政发行模式受到挑战，国家政策的相关调整也使得教育类期刊的生存优势渐失：2003 年，中共中央办公厅、国务院办公厅及新闻出版总署相继下发的通知表明，报刊不得利用行政部门特殊职权搞摊派发行。2006 年，按照《中共中央国务院关于深化文化体制改革的若干意见》要求，期刊作为经营类单位，应改制为企业。在这一新的发展形势下，教育类期刊应积极应对挑战，提高市场竞争力，形成新的竞争优势，获得自身的长足发展。

（三）打造特色品牌，探索产业化运作

　　教育类期刊由于刊载的内容趋同，读者定位宽泛，因此，要想在 630 多种教育类期刊中脱颖而出，刊物必须办出特色，进行市场细分。有的教育类期刊重视对读者心理的研究，以不断更新的版式和丰富的内涵来满足读者的需求；有的通过市场调查，对目标读者进行重新定位。这些都是细化受众，充分发挥自身资源优势，把握市场需求，进行成功定位的例子。

为打造特色品牌，很多教育类期刊积极调整发展策略，努力提高期刊质量，同时加大宣传力度，构建发行网络系统。例如，建立和保持与各学校之间的密切联系，积极参加并资助各种教育研究会议，通过聘请特约记者与读者建立更为紧密的互动关系等。

为适应我国社会转型对文化产业的新要求，教育类期刊积极尝试改革，探索产业化运作。有的在分配制度、人事制度、出版模式等方面进行了积极有益的探索；有的加强与市场对接，调整自身定位，更新运作方式；有的积极调研了解读者需求，明确定位，积极调整出版发行方式和刊物风格；有的在办刊之外，积极进行多元化经营等。这些举措提高了期刊的社会效益和经济效益，也充分展现出我国教育类期刊在市场经济的背景下，利用教育改革带来的新机遇，积极探索变革的决心和成效。

互联网的普及应用给传统的期刊出版业带来了巨大的挑战，同时，也给出版业提供了新的发展机遇。教育类期刊应积极应对，充分应用互联网技术，推动自身的发展，如运用计算机通信技术征稿、审稿，利用网上资源进行选题策划工作等。

八、教育类期刊的发展趋势

（一）市场分化加剧，以特色求生存

教育类期刊所面临的竞争包括内部竞争和外部竞争两个方面。具体而言，内部竞争指教育类期刊行业范围内的专业期刊之间的竞争，也就是目前我国 630 多种教育类期刊内部的竞争，尤其是一些综合性教育类期刊之间的竞争。而外部竞争，主要是指教育类期刊与其他传播内容趋同、传播方式和手段不同的网络、图书、报纸等替代媒体之间的竞争。不管是内部竞争还是外部竞争，归结为一点，就是在争夺读者。有了读者，就有了市场，就有了竞争力。

要在激烈的市场竞争中求得自身的生存和发展，必须科学地分析各

竞争者的实力，制定自己的竞争战略。这就要求知己知彼。知己就是要明确自身的优劣所在，掌握自身的读者受众群特点，明确自身在读者心目中的形象。知彼就是要准确了解竞争对手在市场中的现状和其所具有的优势，包括竞争对手在发行市场的占有率，具体的经营方式和办刊模式，其办刊效益如何，办刊的优势所在，整体的发展趋势及改革动向。通过内外两方面细致而全面的调研，提出相应的竞争战略和策划方案。

在目前全媒体出版环境下，教育类期刊在与网络、图书、报纸等替代媒体的竞争过程中，要注意扬长避短，最大限度发挥自身优势。这就要求教育类期刊根据网络、图书、报纸等替代媒体的不同的传播特点和市场特征，灵活机动地制定竞争策略和进行准确的市场定位，并凭借自身无法取代、难以复制的特色和优势吸引读者，占领市场。

（二）探索小集团发展模式，寻求多个利润增长点

期刊的集团化经营是社会化大生产发展到一定阶段的产物。目前，国内许多大型期刊社积极主动开展集团化经营模式，有的已经取得一定的成效。集团化经营与个体式经营相比，具有一定的优势：首先，集团化经营的群体优势明显，能产生规模效益，可以优势互补，集中各个个体的力量，建立起综合配套的出版发行体系和庞大的市场网络，进而有效地提高整个市场占有率。其次，集团化经营具有经济实力雄厚、资源充足的优势，可以通过采取一业为主、多种出版形式并存的集团式经营模式，以产品线齐全多样的优势来吸引具有不同消费需求、不同社会层次的消费群体，大大增强市场竞争力。

中国的教育类期刊集团化经营起步较晚，仍然处在探索阶段。教育类期刊承担宣传教育工作的特殊任务，具有较强的传媒实力。教育类期刊开展集团化经营，是教育类期刊充分利用办刊资源，以发挥更大的社会效益和经济效益，谋求自身更广阔的发展空间的有效途径之一。其形式可以多种多样，例如拥有较强实力的教育类期刊社联合其他出版集团，开展多种经营，组成更强大的出版集团；或者教育类期刊开展多元经营方式，在出

版的同时，单独设立广告公司、文具教具生产企业等等，走多元化发展道路。

（三）与网络结盟，向网络化、数字化发展

互联网发展所带来的新型传播技术重塑了传媒业的基本形态。从传播媒介这一角度来看，教育类期刊与网络媒介的有效结合可以使其固有的媒体优势得到最大化的发挥。网络新媒体技术可以进一步扩大教育类期刊传播范围，这就契合了普及教育科学和教育信息的时代要求；网络新媒体技术可以进一步满足教育信息传播的时效性，教育知识可以通过互联网络得到及时传播与更新；网络新媒体技术可以满足教育类期刊的海量信息要求，教育知识信息在互联网上能够实现海量的传播和保存；网络新媒体技术有助于达到教育类期刊的国际化要求，教育类期刊可以借助这一媒介进一步实现全球传播，获得全球教育信息共享和交流，为教育科研活动提供支持和保障；网络新媒体技术可以实现教育类期刊与读者的互动交流，教育类期刊要明确定位，首先必须走近读者、了解读者，这就需要在互联网上实现交互式沟通，明确读者的需求，进而明确自身的功能定位。

随着网络的日渐普及，依托网络建立一个供教师交流与沟通的精神家园，既有利于编读往来，倾听读者呼声，又有利于发展作者群体，同时也是树立自身品牌形象、提高社会影响力的良好途径。

（四）营销方式趋于专业化、多元化

教育类期刊因其编辑质量高、读者群稳定、办刊历史较长等，长期以来获得了良好的经济收益。据统计，教育类期刊的年销售码洋在 70 亿—80 亿元，大约占整个图书市场零售比例的 10%，而恰恰是教育类期刊这10%的销售量，为整个出版行业带来了 30% 的利润。[①] 因此，有人说教育

---

① 殷红伟. 教育期刊营销策略研究 [J]. 管理观察，2011（27）.

类期刊是影响期刊业发展的一支重要方面军。

在新的历史时期，教育类期刊也不可避免地面临着新的挑战。目前，大部分教育类期刊的收入主要通过发行出版，即版面的销售或者说内容的销售来实现，呈现出经营渠道狭窄单一的弊端。随着时代的发展，要适应激烈的市场竞争环境，取得可持续发展，就不能抱守传统媒介生态环境下的营销思路，而要积极转变营销思路，开拓专业化、多元化的期刊运营模式，以创新的思维方式，努力寻求更多的利润增长点，实现教育类期刊价值的最大化。在这一方面，有些教育类期刊已经作出积极有益的尝试。例如：利用已有资源，策划选题，积极主办或协办教育主题征文、教育专题论坛，出版刊集，扩大教育类期刊的办刊效益，进而形成期刊的品牌效应；积极步入市场发展轨道，在内容销售的基础上，开拓广告的销售经营；扩大期刊的经营范围，实现内容销售和产品销售的统一；利用新兴媒体，降低出版成本，开拓新型经营模式，实现传统出版与数字化出版齐头并进的经营模式。

随着我国社会主义市场经济体制改革的不断深入，教育类期刊顺应时代发展趋势，积极推进营销模式的变革，实现专业化、多元化营销已成为业界关注的焦点之一。

第二节　教育类期刊可持续发展的理论内涵

一、可持续发展的内涵

关于可持续发展（sustainable development）这一概念，目前广泛认可的定义为：既满足当代人的需要，又不对后代人满足其需要的能力构成危害的发展。有学者对其进一步解释如下：可持续发展有两个基本要素或两个关键组成部分，即"需要"（need）和对需要的"限制"（lim-it）。满足需要，首先是要满足贫困人民的基本需要。对需要的限制主要是指对未来环境满足人类需要的能力构成危害的限制，这种能力一旦被突破，必将危及支持地球生命的自然系统，如大气、水体、土壤和生物。决定两个要素的关键性因素是：（1）收入再分配以保证不会为了短期存在需要而被迫耗尽自然资源；（2）降低主要是穷人对遭受自然灾害和农产品价格暴跌等损害的脆弱性；（3）普遍提供可持续生存的基本条件，如卫生、教育、水和新鲜空气，保护和满足社会最脆弱人群的基本需要，为全体人民，特别是为贫困人民提供发展的平等机会和选择自由。

可持续发展是发展与可持续的统一，两者相互依存、相辅相成。没有发展，则无可持续可言；只顾发展而不考虑可持续，长远的发展将丧失根基。可持续发展战略追求的是近期目标与长远目标、近期利益与长远利益的最佳兼顾，是社会、经济、科技、资源、人口、环境的全面协调发展。走可持续发展之路，意味着社会的整体变革，包括社会、经济、科技、资源、人口、环境等诸领域在内的整体变革。发展的内涵主要是经济发展和社会进步。

可持续发展是经济和社会的长期发展战略，其主要包括经济可持续发展、生态环境可持续发展和社会可持续发展三个方面。首先，可持续发展是以良好生态环境和资源的可持续利用为基础。其次，可持续发展以经济的可持续发展为前提，以促使社会的全面进步。

二、可持续发展的特征

可持续发展以促进经济快速发展、提高人类生活质量、保护自然环境为根本。可持续发展是经济、社会和自然的协调发展。可持续发展不仅重视经济的快速增长，更追求资源的有效利用，生活质量的改善和提高，环境的有效保护，实现有效生产和文明消费，为人们创造一个有保障、自由平等的社会环境和良性循环发展的生态环境。

可持续发展主要有三个显著特征：经济的持续、生态的持续和社会的持续。其中，生态持续是基础，经济持续是条件，社会持续是目的。这三者之间相互关联、相互制约。自然——经济——社会这个复合系统能健康稳定、持续和谐地发展已经成为全人类共同的追求。

三、教育类期刊可持续发展的内涵

教育类期刊是教育事业的一个重要组成部分，它不仅担负着传播知识、教育信息、科技文化的历史重任，而且具有整合教育资源、记载教育发展历程、组织学术交流、确认教育发现优先权等功能。随着市场经济的不断推进和信息产业的快速发展，教育类期刊所处的社会环境更加严峻，国内外竞争更加激烈，生存与发展的问题时刻在挑战着主办单位和办刊人。教育类期刊可持续发展的问题是一个必须重视的长期战略问题。教育类期刊的可持续发展受到诸多因素的影响，它涉及政策经济环境、科技文化环境、市场环境等方方面面。环境和谐友好，有利于教育类期刊的发展和健康成长；环境不和谐，对一些问题的认识和处理不当，就会给教育类期刊可持续发展带来负面影响。①

教育类期刊的可持续发展既包括教育类期刊本身的可持续发展，例如在学术方面、经济管理方面、绩效方面的可持续发展，也包括教育类期刊和外界共同推动的可持续发展，例如推动和促进社会政治、经济、文化、科技、教育和生态等各方面的可持续发展。

长期以来，在政策保护下，教育类期刊在内容上有时过于强调"上情下达"，题材缺少新意；栏目的结构过于形式化；编排的思路样板化；刊载的视角平面化；语言的表达材料化。这些体现了教育类期刊的社会视角狭隘，没能很好地融入社会。无论是从教育还是期刊本身的角度来

---

① 万希岭.科技期刊可持续发展的若干问题分析［J］.江汉大学学报，2008（4）.

观察，教育类期刊的可持续发展的内涵突出表现在以下方面。

（一）政治、经济视角

国家的政治经济制度决定着教育类期刊的宗旨、性质和未来发展方向。对教育类期刊的可持续发展而言，政治是其实现社会效益的最高行动准则。我们应该从政治的视角去理解和贯彻教育方针政策、丰富完善教育教学内容和遵守相关法律法规，从政治的高度去认识教育类期刊以为教育服务、为社会服务的办刊宗旨，只有这样我们才能更快、更好地实现教育类期刊可持续发展。

如果从经济的视角去观察教育类期刊，它具有物质产品和精神产品的产品特点，它通过合理的经营可以产生良好的经济效益。它是价值与使用价值的统一体，要受到价值规律的支配。教育类期刊要想保证其健康、稳定地可持续发展，良好的社会效益是其精神支持，良好的经济效益是其物质保障。

在计划经济体制下，教育类期刊由于有着强有力的行政手段支持，其编辑出版内容刻板化、编排程序化，缺乏创新思想、风险意识、市场经营理念、竞争意识。区域经济的条块分割使得办刊者思想保守、视野狭窄，缺乏改革创新的魄力。这些不利因素严重阻碍了教育类期刊的可持续发展。

社会主义市场经济迫使教育类期刊通过市场化经营来实现经济效益和社会效益的最大化。在市场经济体制下，教育类期刊要走对、走好、走稳可持续发展道路，只有跳出关门办刊的思维模式，通过读者调查与市场分析，以打造特色、提升品牌影响力、强化服务功能的战略来提升竞争力，赢得更多读者，与其他期刊抢夺市场份额，提高市场占有率，获得社会效益和经济效益双丰收，这才是教育类期刊能走好可持续发展道路的重要保障。同时，教育类期刊要走好可持续发展之路还需要改革栏目设置、开拓稿源渠道、丰富内容、活化语言表达，使期刊的内容和质量满足广大读者与日俱增的教育信息需求。要勇于积极地面对互联网时代所带来的机遇与挑战，应该创新思维模式、提高期刊质量、强化竞争意识、规范经营模式。

（二）教育、文化视角

教育类期刊的可持续发展要求期刊内容和形式多样化、多元化，然而多年来，教育类期刊的办刊方向一直紧跟教育主管部门和研究部门的脚步，过于关注学校的教育教学实践，翻来覆去地围着这些方面做文章，期刊的内容形式缺少新意，过于形式化、材料化、程序化，体现出教育视角狭隘的弊端，严重阻碍了教育类期刊的可持续发展。由于局限于校园，囿于学校教育教学领域，教育类期刊在一定程度上存在选题单一、刊登视角平面化、研究形式范式化等普遍问题。现代教育具有教育终身化、全民化、多元化和教育技术的现代化的特点。与传统的教育不同，现代教育是全民的教育，以提高全社会的文明素质为目的。现代教育观对教育的定义十分广泛，认为只要是能增长知识、提高技能水平、影响思想观念的方式都是教育，因此，教育贯穿于人的一生，教育与生活是相互依存、相互促进的。教育的内容不仅包括各种教材与书刊，还包括以网络的形式传播出现的各种信息流。这些对教育类期刊的可持续发展提出了新的要求，要求其从封闭走向开放，从一元化走向多元化，以更广的教育文化视角去深入了解和研究学校教育、家庭教育和社会教育，为推动国家和民族迈向学习型社会提供强大的智力支持和精神保障。

（三）科技创新视角

教育类期刊的可持续发展同样需要建立在科学和技术与教育、与期刊的内在联系上。从科技创新的视角来看，教育类期刊的可持续发展受到思想观念和技术操作两个方面的影响。科学技术的发展对期刊编辑提出了新的要求，要求他们拥有较高的素质水平、完善的知识结构，具有创新思想和开阔的视野。同时，科学理论的先导性和求真务实的科研精神也促使教育类期刊编辑不断探索期刊发展的规律，形成与现代教育要求相应的编辑理念、策划思想和营销手段。

创新是期刊生存和发展的动力。创新来源于编辑队伍知识的不断更新和敏锐的市场洞察力。这就需要期刊社建立一套崇尚创新的竞争激励机制，进行科学的管理，最大限度地发挥团队的创新精神。同时，加强期刊内部管理，实行岗位责任制，严格实行稿件三审制（包括采用匿名式外审），以学术标准作为用稿的主要标准。[①] 在学术质量、学术导向上从严要求，把教育类期刊办成富有特色和学术影响力的高品位的期刊。

随着科学技术的迅猛发展，现代信息时代逐渐来临，人们的思想观念和生活方式也在不断改变。

对于教育类期刊业而言，传统编辑思想、内容形式、方式方法都在发生着根本性的变化。教育类期刊编辑要具有前瞻性的科技创新视角，首先必须及时了解教育研究的最新成果和最新动态，树立以科研促教育的意识，通过刊载科研成果，宣传科技创新、求真务实的科研精神，帮助读者塑造创造品格。同时，教育类期刊应借助现代传媒手段，放眼全球，及时报道国外的最新教育科研成果，实现科学资源的国际共享。其次，教育类期刊编辑必须具备现代编辑思想，及时掌握现代编辑手段，善于利用计算机和网络技术使期刊的编、印、发过程步入现代化、信息化的轨道。教育类期刊编辑要善于借助先进科学技术增强收集和处理信息的能力，不断调整自身的知识文化结构，扩大学术思想背景，提高稿件组织策划、编辑加工的能力，真正成为具有科技创新思想和深厚文化素养的应用型人才。[②]

（四）资源利用视角

当今，全球都在提倡低碳、环保，教育类期刊作为研究和传播低

---

① 王慧敏. 教育理论期刊的现状及发展趋势 [J]. 当代教育论坛, 2003 (11).
② 黄耀红. 论教育期刊的视角 [J]. 益阳师专学报, 2002 (20).

碳、环保理念的重要媒介之一，更应在其发展过程中处处体现低碳环保，发挥引领作用。在竞争日益激烈的期刊经营环境下，把绿色营销理念全面地引入教育类期刊的经营过程当中，指导教育类期刊的经营工作科学、合理与可持续发展，具有十分重要的意义。所谓绿色营销是以满足消费者和经营者的共同利益为目的的绿色社会需求管理，以保护生态环境为宗旨的绿色市场营销模式。绿色营销是教育类期刊可持续发展的重要手段之一，这需要在教育类期刊编、印、发的过程中充分合理地利用资源，如：在稿件的筛选时要尽可能做到精准到位，以减少在其他环节的人力资源浪费；在审核期刊内容时尽量在电脑上操作，减少在纸质稿件上审核，从而减少用纸量；在打印时尽量双面打印，以便提高纸质资源利用率。

四、教育类期刊可持续发展的前提

教育类期刊是党和国家以及教育主管部门的喉舌，发出的是国家关于教育方面的声音，吹出的是教育改革的最先锋的号角，代表着教育最为科学和最为先进的经验和成果，是广大教师最为广阔的平台，通过教育类期刊可以使教师得到最为广泛的交流，使教师的素养和专业水平得到最快的提升。过去的经验一直证明着这一点，教育类期刊对教育的改革与发展起着十分巨大的推动作用，而由于目前媒体的多元化，信息技术的飞快发展，教育类期刊走入困境，其功能也在萎缩。

要保证教育类期刊健康可持续发展，应充分发挥教育类期刊的作用，提高期刊质量，真正引领教育健康有序地发展。

（一）政府应增加对教育类期刊的投入

有不少教育类期刊社都是企业，要自负盈亏。因为资金不足，在教师发表论文或者一些教育教学方面的文章时，不仅不向其支付稿费，还要向教师收取几百元甚至上千元的版面费。与此同时，有的教师撰写和发表教育教学文章只是受功利思想驱使，例如职称评定、单位的优秀评定等。这势必影响教育类期刊的整体质量和水平的提升，难以保证教育类期刊的权威性。目前，政府正大力提倡加大对教育事业的支持和财政投入力度，而加大对教育类期刊尤其是教育研究类期刊必要的投入就是支持教育事业发展最直接有效的手段之一。加大对教育类期刊的投入，一方面有助于激发教育从业人员对教育事业以及教育研究工作的热情；另一方面，有助于教育类期刊尤其是教育类研究期刊的质量提升和规范发展，进而形成教育工作者和教育类期刊之间的良性互动和信息循环。

（二）教育部门应增加对教育类期刊征订的宣传力度

目前学校的办公经费和以往相比有较大幅度的增长，学校拨出专门的经费来订阅教育教育类期刊是切实可行的，同时学校也应鼓励教师个人订阅教育类期刊。这一方面有利于教育知识信息的传播，有利于教育政策的上情下达，有利于学校有关工作的开展；另一方面，有利于教师职业素养的提升，有利于教师队伍的整体水平的提高。因此，有学者建议，上级教育主管部门要将学校征订和利用教育类期刊与学校的硬件设施建设考评相结合，使之成为学校评估体系的一部分。

（三）学校要鼓励教师充分利用教育类期刊这一教育资源

学校要将对教师的业务考核和阅读教育教学类期刊结合起来，学校对教师在教育教学类期刊等媒体上发表文章应给予物质奖励和精神奖励等。学校领导要带头征订和使用教育教学类期刊，在开展校本培训、政治业务学习时充分利用教育教学类期刊。

（四）教育类期刊的可持续发展要求编辑人员提高自身的素质，包括专业素质和敬业精神

教育类期刊是教育教学改革的前哨，站在教育的制高点上，只有站

得高，才能看得远。教育类期刊要想真正贴近教育教学的实际，贴近教师的生活，使之具有实用性、趣味性、互动性，其中一个重要的前提就是拥有一支优秀的编辑队伍。编辑是期刊的灵魂和第一动力。期刊的质量首先体现在内容上，只有通过高水平、高质量的编辑加工，期刊才能在市场上站稳脚跟。教育类期刊的读者群主要是教育工作者，这一读者群的特点是具有较高的科学文化知识素养，同时学习能力较强。因此，教育类期刊只有培养和建设一支过硬的编辑队伍，才能切实有效地编发高质量的稿件。美国资深编辑柯蒂斯曾说，今天的编辑和老一辈编辑不同的是，他们必须十八般武艺样样精通，既要精通书籍制作、行销、谈判、促销、广告、新闻发布、会计、销售、心理学、政治、外交等，还必须有绝佳的编辑技巧。对教育类期刊而言，更是如此。拥有优秀的编辑人员是教育类期刊可持续发展过程中必不可少的要素之一。

（五）教育类期刊要坚持推动教育事业健康、公平公正、和谐发展的原则

当前，教育类期刊要更快、更好地走可持续发展之路，应当体现其宣传教育文化的先进性，并应着力坚持以下几个原则：

首先，倡导和谐教育、公平教育。构建和谐社会是当今的时代主题。要构建和谐社会，需要教育为其提供智力支持和人才保证。因此，要想实现上述目标，教育类期刊应加强对教育公平开展、教育和谐发展的重点关注，并将这些作为栏目设计、文章组织策划中的首要内容。既要有积极宣传教育均衡发展的战略思想，也要有积极宣传优先发展教育的战略方针，从而使全社会认识到和谐教育、公平教育是构建和谐社会的关键；教育类期刊还要及时关注各级各类教育的和谐发展，其中应着重加强对农村教育和欠发达地区学校建设的宣传，倡导每一个受教育者都享有公平教育的机会。

其次，体现正确的人才观和质量观。当前，一些教育部门和社会大

众对教育的性质、目标、方向和教育功能存在不正确的认识，在人才观和质量观上都存有误区，这些不正确的认识和误区阻碍了教育的可持续发展。比如社会舆论中对"高考"的过度炒作，对人才"高消费"的盲目追捧，只有上过大学（特别是名牌大学）的孩子将来才可能成为人才的错误认知；许多学校由于受到社会压力和政治制度的影响，为了完成教学目标、提高学校知名度，经常采取一些违背教学规律的做法，以加班加点、加重课业负担的方式来追求学生考试高分，提高升学率。近年来，这些现象受到了中央的高度重视，并针对这些问题出台了相应的政策和行政手段，但要从根本上解决这些问题，还需要开展更细致、深入的工作。面对这种情况，教育类期刊一方面应积极宣传正确的人才培养观念、教育教学质量观；另一方面，要将理论和实践有效结合，向读者揭示正确的教育教学质量观的内涵：全面贯彻落实教育政策方针是质量的根本指向，全面提高学生综合素质是质量的根本目的，对学生的未来进行规划是质量的根本要求。但是，我们也要看到优质教育资源的短缺是教育工作者思想和行为产生偏差的主要原因，教育类期刊有责任对这一现象进行调查研究，并将解决这类问题的成功经验进行宣传和推广，使这类问题得到最广泛的解决，在社会树立正确的人才观、质量观、教育观，优化教育环境，创建新机制，保证教育工作围绕教育方针政策健康运行。

最后，践行师生共同发展的理念。教育类期刊作为给教育行政部门和主管部门提供学习和参考典范与思路的重要推手，根据其出版内容和形式可以分为面向教师、面向学生两种类型，因此刊物如何能够更好地为师生的共同发展服务成为编辑工作的重要课题。及时关注和宣传教育教师制度的改革和创新的动态信息，是教育类期刊加快建设成为教师的精神摇篮的重要举措。此外，教育类期刊有责任和义务去深入了解教师的生活、工作以及身心等各方面的情况，了解他们的所思所想，进而加以引导，使他们能更好地、积极地投身于自己的事业。这是一个渗透人文关怀的新课题，值得教育类期刊把它承担起来。尽管教育类期刊已经作了一些改革实践，但是，其中的大多数学生类期刊仍然没有摆脱这两个难题。第一，说教多于疏导。一些面向学生的教育类期刊对于解决学生在心理上和学习上存在的问题，大多采取邀请教育学家、心理学家撰写文章对学生进行"居高临下"式说教的方法，而不倡导学生进行自我教育的方法。第二，既不好玩，更无想象。一些学生刊物过于关注对学生课外知识的灌输，而缺少对学生好玩、好幻想的性格和思维特点的关注和了解，使其教化功能过于片面化。从《哈利·波特》等热门作品在青少年读者群中受追捧和欢迎的程度就不难看出，青少年读物应当注重趣味性和想象力。这带给我们的启发是，学生刊物应该在编辑的内容丰富、形式创新上下工夫，让更多的学生获得快乐和思想启迪。学生刊物的教化功能往往是在让学生享受乐趣的同时，又使其身心得到升华的过程中逐步完成的。因此，学生刊物的编辑应当加强和学生的对话交流，了解学生的兴趣和需求，同时，期刊应加大组织策划力度，调整采编出版形式，做成学生喜欢的刊物，让学生自觉接受优质教育类期刊文化的熏陶。

除上述内容外，我们还应当注意：学校师生向来就有共同学习探讨和运用教育类期刊的要求和习惯。要想使教育类期刊更好地发挥其教育功能，我们应当加强引导学校师生读刊、用刊、论刊的积极性，加强与学校师生、广大读者之间的互动交流，积极组织开展各种类型的读刊、用刊活动，既促进广大师生同编者的交流和学习，又可以与编者共同创造在先进性、专业性、地域性方面更富特色和内涵的教育类期刊文化。

五、教育类期刊可持续发展的重要性

要充分认识教育类期刊可持续发展的重要性，它是推动教育改革与发展的重要途径之一。教育类期刊同书籍相比，具有出版周期短、刊载内容新颖连续、传播信息量大、流通范围广等特点，除此之外，教育类期刊还具有思想性、教育性、导向性、学术性、实践性等特征。教育类期刊为我国教育工作者提供了教育科研和实践的最新信息，开阔了眼界，加深了思考，使我国教育研究人员能更广泛、积极、深入地开展教育改革与创新、教学科学研究以及教育理论的分析探讨，能最大限度地从期刊中得到思想的启迪和行为的指导。因此，可以说教育类期刊对于教育工作者的发展发挥了不可替代的作用。

当前，素质教育引起了各类专家、学者和教育工作者以及教育研究人员的高度关注，并在教育类期刊上展开了广泛、激烈的讨论，这既有不同学术观点的争论，也有方针政策的探讨研究，还有教育工作经验的交流。教育类期刊已经成为学术争鸣、百花齐放的园地，教育类期刊能将这些有益的观点、思路和见解迅速而广泛地传达给广大教育工作者，有力地促进了广大师生思想观念的变革、思想觉悟的提高，进而推动教育教学改革实践取得显著效果。[①] 总体而言，任何科学研究成果都是继承了前人的成果，并通过个人的分析研究和发掘创造而产生的。教育科研人员作研究、写论文，也要大量吸收、借鉴、参考教育类期刊中最新、最前沿的研究成果。因此可以说，教育类期刊在教育事业的发展过程中起到了举足轻重的作用，只有保证教育类期刊科学、合理与可持续地发展才能给教育界工作人员提供更多学习、交流和研究的机会，才能进一步推动教育事业健康可持续发展。

---

① 寇瑶. 浅谈教育期刊的开发和利用 [J]. 教育科研通讯，1997（14）.

第2章

教育类期刊发展的影响因素

第一节　教育类期刊发展的社会影响因素

影响教育类期刊发展的社会因素包括社会科学管理体制、出版政策和管理体制等等。特别是社会科学管理体制，在教育类期刊的发展过程中起着尤为重要的作用，两者之间相互依存，共荣共生，关系密切。

一、社会科学管理体制

（一）评价方式的影响

我国当前的社会科学管理体制是在计划经济体制基础上逐步发展、演变而来的，因此，行政性指令特征较为明显。具体而言，大致可以概括为如下几个方面：

注重客观性标准。社科成果的评价，一直都在追求一种客观化的标准，这样做既是为了克服各级评职评优中的人为因素，同时也便于给人一个直观性的结果，消除主观臆断。这种客观性成果具体体现在科研课题的级别以及科研论文的影响因子上。

注重科研成果数量。在具体衡量及判定科研水平的高低时，因其本身的质量难以量化，所以发文数量就成为一个主要的指标。如各种在研或已结题的科研课题的数量、在教育类期刊上公开发表的学术论文的篇数等；对学术成果质量的甄别，重点关注纵向课题设置单位的行政级别如何、横向课题的具体资助金额多少；而某一刊物或者出版单位影响力的大小则被作为学术论文水平高低的具体评判标准。

强调物质性奖励。科研人员所在单位大多通过物质奖励来调动、激发研究人员从事科研工作的积极性、主动性。多数科研单位和高校在科研学术的激励政策方面，都制定了详细的奖励条例。依据科研课题的高低差异，奖励的数额也相应有所区别，多少不等。公开发表的论文也随刊物的影响力而各有奖励：所载刊物的级别越高、影响力越大，所获得的物质奖励也就越丰厚。

（二）量化方式的影响

社会科学管理的评价体系突出客观性的量化标准，这对教育类期刊的发展也造成了一定的影响，主要表现在以下方面：

随着学术成果日益重视量化考核，教育类学术成果在数量上较以前有了大幅度的提高，这使得编辑部稿源稀缺的局面有所改观。质量的提升正是一定数量的积累所实现的飞跃。没有数量就没有质量，一定的质量必然以一定的数量为基础，稿件可供选择范围的扩大，对办刊质量的提升也有着一定程度的影响。

与此同时，过于突出客观性的量化标准所带来的负面影响在教育科研方面日渐显露，对教育类期刊造成了不良影响。当前，我国的社会科学研究呈现出一派繁荣的景象，给人的感觉是一种全民搞科研的状态，似乎快写、多写就表明学术水平高。事实上，这种观念忽略了科研工作对研究者在时间、精力等方面投入要求的长期性。简单地用数量代替质量，一味倡导数量，必然要冲击质量，甚至会出现"泡沫"科研，其结果就是，我国目前教育类科研论文产出的数量与质量相比形成了巨大的反差。与此同时，个别缺少内在动力的研究者因盲目追求论文的产出数量，在一定程度上催生了急功近利的不良风气，学术研究日渐浮躁，导致了科研风气的败坏、科研行为的异化、科研成果的虚无化。当下，一些教育类期刊在不断扩版增容，从季刊改为双月刊，从双月刊改为月刊，从月刊改为旬刊、周刊等，内文页数也在增多，字号、行距在缩小，载文量大增。表面上论文的数量增多了，但只要细看其中内容，文章质量却难以与数字变化对等。可见，数量的变化并不代表质量的提升，期刊的扩版增容反而稀释了期刊的学术含量，降低了期刊的整体科研学术水平。虽然我国教育类科研论文的总体产出数量迅速增长，但优质高效、有相当影响力的论文却为数不多，大部分论文的影响因子不强，被索引的数量也很少。

过分重视量化考核也给教育类期刊的发展带来了一些负面影响：首先，教育类期刊担负起论文质量评价者的角色。由于社会科学管理体制的评价标准存在着重视量化的倾向，依据刊物的级别来判定学术论文的质量。学术期刊分为权威期刊、核心期刊、国家级和省级期刊等类别，学术论文质量自然以刊物级别来判断，刊物的级别越高，所刊载的论文质量越佳。将评定科研论文质量优劣的标准完全交给学术期刊，这种做法增加了教育类期刊编辑部的压力。其次，形成文章刊发难易度与职称高低相关的悖论。教育类期刊中核心期刊的数量少，学术刊物为提高自身的知名度或影响力，对高职称、高学位作者倾斜用稿。这种情况造成了科研领域的马太效应。作者拥有教授身份或博士学位，其文章更容易在核心期刊发表，而普通人群想要在核心期刊发表论文则面临着更大的压力，即便下一定苦功，论文刊出的概率依旧很小。这种情况导致了教育类期刊用稿上的形式化倾向，不利于科研队伍的发展。最后，导致一些刊物的拜金主义倾向。教育类期刊的发展一般不以营利为目的，相当一部分的教育类期刊的运营都是依靠国家财政拨款或是其他机构的科研经费维持。随着市场化的影响，期刊经费来源越来越单一，期刊生存环境越来越艰难，加之评职评优中对论文数量的硬性要求，导致有些教育类期刊偏离了推动学术研究发展的公益性目的，转而去寻求经济利益，如收取数额不小的版面费等，而学术责任感却越来越淡漠了。

这种社会科学管理体制在一定程度上影响着当下的社会科学研究。人们日益意识到这种社科管理体制的弊端，一些高等院校已经引进了同行专家评审机制，来评价科研工作者的科研能力和研究成果的质量。但是从全国范围来看，总体情况并没有明显的改观。基于这种情况，各高等院校以及科研机构更要积极应对，不断改革完善评估体制，以寻求良性影响在社会中的扩大，从而改变这种状态。

二、出版政策和管理体制的影响

（一）出版政策

受计划经济体制影响，我国现行的期刊出版政策和管理体制制约了期刊市场化的进程。这种情况，直接导致了期刊刊号获取的困难和期刊出版发行过程中市场调节的缺位，从而难以形成期刊市场化竞争中优胜劣汰的良性机制。《期刊出版管理规定》第九条第三款规定："有符合新闻出版总署认定条件的主管、主办单位。"这一细则明确规定了任何期刊的创办和出版必须挂靠在一个主管单位名下。这也就很好地解释了为什么在任意一份期刊的版权页面上都会标注着主管和主办单位这一现象。但是，认真思考这一问题，期刊出版管理过程中，强制规定主管、主办单位这一做法是否真正有必要，其实际效果是否能够达到预期标准呢？从现实层面来看，单纯依靠主管、主办部门的办刊意愿未必就能办好一份刊物；而挂靠在某一相关部门之下的市场投资主体又因过分依赖行政事业单位而变得身份含混模糊。作为公益文化事业，在政府主导下却长期投入不足；作为经营性文化产业，本该受市场机制影响却一直依赖政府部门，忽视经济效益。限定主管、主办单位这一规定造成了权力体制与市场机制在期刊业中的冲突和扭曲。主办、主管部门在行政助推与市场整合之间缺乏有效的调节机制，这使得期刊业部分地丧失了市场机制下的灵活性与市场活力，在一定程度上制约了教育类期刊的发展。而当下，我国期刊出版受制于行政管理的原因之一正是我国新闻出版法律的不健全，以规代法。这一现象不仅违背了建设法制化国家的理念，同时也与市场经济的法制化前提相冲突。

（二）内部机构改革

期刊转制改革，即把期刊推向市场，使期刊的市场运行完全依照现代企业运行制度。目前我国的文化体制改革正在加速进行，尤其是教育媒体。作为公益性事业单位，由教育行政部门主管、主办，其本身被赋予担当舆论宣传导向的责任，同时又是教育专业期刊的经营者。这使得刊物自身的发展处处受制于这种双重身份。对教育类期刊来说，期刊的转企改制会是一次脱胎换骨的蜕变，将会使其面临一次前所未有的发展机遇。

值得注意的是，现代企业制度的核心内容之一，就是规范并完善企业法人制度。但实际上，我国教育类期刊中绝大多数的编辑部为非法人机构，这表明我国教育类期刊尚未迈入市场化的门槛，更谈不上什么确立市场主体地位等。我国现行的绝大多数教育类期刊出版单位还是按照计划经济体制下的行政事业单位模式来运行的，并在此基础上进行相应的出版管理和财务管理。因而，无论是教育类期刊本身，还是期刊内部的行政机构，短期内都难以完全实现从理念到形态的转变，完成市场化的转向。

大多数期刊在行政权力的支配下被分摊到基层单位或者在系统内部范围发行，这种发行模式致使这些刊物脱离市场，不能正常发挥市场主体的作用，难以形成优胜劣汰的市场机制。此外，大多期刊并未建立起现代企业制度，这也使得期刊企业的生产经营和管理无法与市场机制有效对接。目前，国内大部分期刊企业推行的是事业单位企业化运作，尚未建立起完善的现代企业制度，体制改革进程缓慢，期刊企业缺少活力，发展后劲不足，经济效益不佳。

教育类期刊转制改革过程中涉及的一大问题就是利益的重新分配，如最具现实性的就是国有产权和国有资产管理体制方面的问题。如前所述，现行出版管理体制的特点，就是每一个教育类期刊出版单位都有一个主管单位，还有一个主办单位（有些期刊甚至还有合办、协办、联办等单位）。由于权责不明晰等原因，教育类期刊内部的机构管理呈现出复杂性、交叉性特点，造成产权归属不明、资产管理上矛盾多等问题。因此，有学者指出："如果要遵循体制改革的相关规律，当教育类期刊出版单位转制成企业性质，则应该由主办单位以出资人的身份通过资本的形式对其进行管理和约束。但在现有情形下，比如一家期刊有多个主办单位或主管单位，带来的问题就是产权归属将难以划分，转企改制的法律程序将艰难而复杂。"①

与此同时，现在的教育类期刊基本上都缺乏进行市场化管理所应有的用人机制、分配机制及经营机制。在现行的管理体制下，教育类期刊的用人机制难以避免地受到编制、级别、所有制性质等问题的掣肘，导致行政机构庞杂，日常人事机制运转不灵活。还有就是分配机制，还是主要受限于事业单位计划经济分配制的惯有思维，按资历排辈，靠职务、职称等确定收益，还没有遵循市场规律的绩效激励机制来进行合理分配。另外在经营机制上，由于制度性设计缺失，造成责、权、利分立，无法实现市场化操作。

（三）宏观管理因素

教育类期刊在我国的新闻出版业中一直占据着举足轻重的位置。教

---

① 陈纪南，程碧军. 关于农业科技期刊出版体制改革的思考［J］. 编辑学报，2010（5）.

育类期刊的管理体制决定了体现国家主流意识形态、引领社会价值导向是教育类期刊的重要职责。政策和策略堪称党和国家的生命，公共政策涉及国家宏观方面的指导，如国家教育政策方针以及新闻出版行业的指导性政策，决定着教育类期刊必须担负起传播先进教育政策、理念，发布教育信息，引领教育实践等职责，具有相当强的政策导向功能。

第二节 新媒体多元化发展的时代挑战

目前，传统期刊媒体正遭遇严峻挑战，这种挑战来源于新媒体的快速发展。传统期刊媒体有自身的发展优势，在发展进程中也有过辉煌的时期，但其弊端也越来越明显，如传播速度慢、出版周期长、时效性差、受众范围小等。随着现代信息技术产业的飞速发展，期刊行业开始面临一个新媒体时代。新媒体的传播方式呈多元化的特点，形式的丰富和多样吸引了越来越多的受众。新媒体时代加剧了媒体之间的竞争，如迅速崛起的互联网在信息传播方面对传统期刊媒体形成了强烈的冲击，但这种挑战从另一个角度来说，也是传统期刊媒体借势而上的发展机遇。网络等新媒体在信息传播方面，其优势是显而易见的，作为传统期刊显然做不到视而不见。新媒体无论是技术还是形式，都让人耳目一新，给人带来全新的感受，也打破了传统媒体发展过程中形成的技术壁垒和人为阻隔，弥补了传统媒体在某些方面的欠缺与不足。传统期刊如何应对新媒体时代的挑战，特别是教育类期刊如何充分利用媒体发展新阶段带来的机遇，突破自身的发展障碍，走出困境，成为业界探讨的重要课题。

新媒体常见的形式有哪些？具体而言，新媒体是指借助数字电视技术、网络技术，通过互联网、宽带局域网、无线通信网和卫星等渠道，以电视、电脑和手机为终端，向用户提供各种类型的数据服务和集成信息等的一种传播形式。目前比较有影响的新媒体包括移动数字电视、有线数字电视、IPTV（狭义上指基于 TV 终端的）、网络广播、网络电视、手机电视等。当然，静态方式的网络媒体也可算在内。这些新媒体或把传统媒体数字化，或是传统媒体的新型取代。无可否认的是，新媒体在今天对受众的影响越来越大。

一、新媒体的强大冲击力

新媒体的迅猛发展首先冲击的是传统的信息传播路径，特别是期刊类媒体的传播效果。教育类期刊在新媒体的强大冲击下发展愈加艰难。

（一）新媒体强大的时效性

新媒体的优势显而易见，如信息的即时呈现和获取，体现出"短、平、快"的特征。新媒体在信息传播上快速便捷，而且制作流程简便，不像传统期刊有截稿时间、出版周期、出刊时间等的限制。新媒体在信息发布之后还能进行及时更新和随时随地跟进反馈，这是传统期刊所无法比拟的。现代社会竞争日趋激烈，对时间和效率要求更高，人们对获取信息的方式也有了相应的需求，既希望即时获得最新信息，也希望有更便捷的渠道。新媒体的时效性和便捷性让信息的传播满足了现代化社会中受众在信息获取和选择方面的需求。而传统期刊在这方面显然无法满足受众的这种需要，无论是信息还是渠道都显得低效和滞后。期刊发行程序复杂，要经过一系列的校对、排版、印刷、出版等烦琐流程，加上后期的发行、出售，到达读者手中时，获得的信息已经滞后。特别是时效性强的重要信息，等到传统媒体刊出时，信息的效果已经大打折扣。

（二）新媒体良好的互动性

网络技术带来了媒体的革命，传媒技术日新月异，信息量呈几何级数增长，人们对自身信息需求的满足可以有更多的选择和方式，构建合理的信息渠道就显得更加重要了，这是新媒体时代的现实要求。新媒体代表着现代社会的发展趋势，它集合了先进的理念、文化和技术，一改传统媒体僵化的传播模式，给媒体革命带来了多元空间、多元选择、多元文化、多元主体的新格局。

新媒体界面良好的互动性有着天然的优势，给传统传播模式带来冲击，改变了信息传播的单向关系。传统媒体传播方式单一，难以与受众形成即时互动，而新媒体的传播方式是多向且丰富的，形成了强大的互动群。传统媒体一直喜欢充当"喉舌"的作用，与受众关系疏离，刊物刊载什么内容，读者就只能接受什么内容，受众一直处于一种被动的地位，接受信息缺少更多的自主性；而新媒体却不存在这样的问题，受众有更多的自主权，可以自主决定接受信息的地点、时间、强度及方式，如果有自己的想法，还可以给予及时反馈。

互动性也是读者的一种内在需求，传统纸质阅读只能以导读性的方式，指导读者去寻找信息，但新媒体改变了这种状况，如新媒体的搜索引擎功能，可以让受众根据自己的需要快速搜索到自己想要的信息。纸质期刊内容出版后已经限定，无法作出改变，新媒体的信息却可以不断地更新，而且受众的反馈也可以通过新媒体体现出来，不受既有内容的框限，甚至可以调整、更新原有信息。纸质媒体如果有内容错误，还得等到下次出版时才能勘误，而新媒体可以及时反馈、更新、修正。纸质媒体的内容有固定的写作者，有专业性限制，但新媒体却更加开放，写作者群体范围被拓宽。新媒体有着很强的互动性和包容性，受众也可以参与到传播过程中，新媒体给受众也提供了一个可以自由讨论与表达的平台，传播内容变得丰富，结构与形式也呈现出多样化特点，显现出强大的吸引力。

（三）信息传播的广容性

信息量的多少考验着一个媒体的承载空间是大是小，新媒体在这方面得天独厚。新媒体新技术使得信息在时间和空间两个方面都得以扩展：在空间上，新媒体可以提供海量的信息；在时间上，新媒体可以提供即时性的、无终点性的信息。因此，新媒体凭借自身的优势可以从更多的渠道、以更多的方式，向受众提供全方位的信息和反馈，从而更好地满足不同群体的信息需求。比如互联网，为受众提供了海量的信息，让受众有了更多的选择权。而传统期刊在这方面却遭遇发展的瓶颈。传统媒体仅能依靠自己的媒体界面，由于版面和容量受限，信息的数量会受限制，版面空间只那么大，内容自然受版面的框定。

海量的信息存储是新媒体优于传统媒体的根本所在。此外，新媒体利用技术优势，信息存储量和内容本身都发生了非常大的变化。读者拿着纸质刊物时，只能接触到刊载的内容，而新媒体却带来了多样化的感受，有视频，有无限扩展的信息。可以说，新媒体的迅速发展使人们获取信息的空间、时间都出现了前所未有的变化，人们的学习方式因此而进入一个崭新的时代。

（四）新媒体载体的多元化

依托网络革命，信息传播的特征在变化，如超文本、超链接，强大的检索功能，无限量的信息储存、发布等。网络的出现使资料搜索变得无比方便了，人们可以在浩瀚的信息里择己所需，还可以通过电脑复制、存储相应的内容。这样，对信息的使用效率大大提高。读者需要什么特定的资料或信息，都可以通过搜索引擎检索，并且很快就能获得自己所需要的内容。而在过去，人们检索资料只能选择图书馆，或自己找寻和阅读书刊，使用人工查询，烦琐而低效。

网络技术的发展，也为期刊的多样化发展提供了方便，期刊电子化就是其中之一，教育类期刊也可以借助网络环境，实现期刊的网络出版，开发期刊多元化的载体形式，促进和推动教育信息的快速交流和有效传播。另外，利用网络技术建设期刊信息化平台。搭建网络期刊平台具有以下作用：一是可以实现编辑办公自动化，极大地改善办公条件。二是可以方便作者查看稿件，了解编辑流程和审稿进展等情况。三是可以使编辑工作更快速高效。专家可远程审稿，编辑可随时掌握编审进度，从而提高编辑的工作效率。

此外也可以和专业性的搜索引擎合作。通过建立自己的搜索通道，建设自己的网络空间，开拓新的网络出版空间，在这方面教育类期刊是有潜力可挖的。这方面的例子，可以借鉴 Google Scholar 所推出的学术性信息检索服务。这个检索项目，有着良好的用户界面，通过检索页面能够检索特定的学术文献，这些学术文献就是来源于学术出版者、专业团体、预印本库、大学等的网络出版物，有各种学术论文、学位论文、专业性图书、会议摘要和技术报告等。与这些专业搜索引擎形成合作关系，在加速期刊数字化以及期刊内容和传播方面都会很有帮助，其目的就是充分利用最新技术优势来拓展期刊的传播力和影响力。

（五）新媒体传播的显著性

传统期刊的传播效果是有限的，一方面受制于发行数量，另一方面又受社会经济等因素的影响，传播范围局限于某些特定区域。新媒体的传播范围却可以打破时间、空间所限，传播效果有了质的改变。

目前，我国网民数量快速增长，读者的阅读习惯和阅读方式正在受新媒体影响。以网络为主体的新媒体正以自身的丰富性、即时性、互动性，给阅读者以全新的感受和体验。通过各种新媒体，人们可以获取各种信息，特别是能获得许多免费资源。人们也可以就自己感兴趣的话题进行讨论，如一些热点问题、一些重大事件，都可以和网友进行交流，分享彼此的观点。新媒体正在悄悄地改变着人们的阅读行为和习惯，便捷的链接式信息传播让人们了解到更多信息，个性化的博客、播客、微博的等新媒体也使受众的个性和互动性的潜在需求得以激发，人们的选择呈多样化发展，众多的读者已经从传统媒体中分化出来转向新媒体阅读了。另外，手机技术带来了移动信息的革命，人们在流动中也可以自由获取信息，新媒体的这种阅读便利性和互动性是传统媒体难以匹敌的。从内容资源方面来说，传统媒体的资源已经被大量移植到了新媒体上面，读者对传统媒体的需求在不断减少。

新媒体的传播机制优势明显，通过自身的双向、互动、海量存储、及时检索等技术特性，把传统媒体逐渐边缘化。它既整合了报刊、电视、电台等传统媒体的功能，还兼具交互、即时、延展和融合的新技术特征。新媒体的传播特点在于，它已经不是单一的、平面的媒体传播，而是全方位、立体化融入大众生活，整合了大众传播、组织传播和人际传播等特点，深入、全面地影响现代人的社会生活。今天，人们的阅读习惯在变化，获取信息的渠道多元而丰富，人们的沟通方式呈现多样性，这是新媒体带来的深刻影响。这些变化决定了传统期刊必须直面新媒体的挑战。值得欣慰的是，传统期刊也并非在坐以待毙，一些先行者正在利用网络技术和新媒体优势，不断调整和改进自己的传播渠道和方式。教育类期刊也应如此，作为教育信息传播的重要载体和媒介，在信息技术和网络环境下并非无所作为。只有摒弃偏见，勇于创新，以自己的传统期刊为基础，通过整合新技术，实现期刊的电子化。通过多种渠道、多种方式实现期刊的信息流通，就会给自己带来发展的契机，使传统期刊也能在网络技术的发展中获得新鲜血液。

二、新媒体带来的机遇与挑战

21世纪以来，网络技术催生下的新媒体异军突起，以其海量的信息存储功能、强大的搜索引擎功能、快速便捷的信息获取方式、良好的交互性以及显著的传播效果等，给传统出版市场带来了新的发展契机，也给传统媒体带来了前所未有的挑战。对于期刊业而言，新媒体日新月异的发展，在客观上直接促进了期刊业界发展竞争格局的变动，对传统期刊的发展构成了一定的威胁。

（一）新媒体所构成的两大威胁

期刊市场的整体空间是有限的，受众的注意力同样也是有限的。新媒体的迅猛发展对期刊原有读者和广告空间的分流也是必然的。当受众的注意力越来越多地被新媒体所吸引，当新媒体不断增强的影响力备受广告客户的青睐时，传统期刊原有的读者规模和广告市场将在激烈的竞争之下逐步萎缩。在一定程度上可以说是新媒体的迅猛发展造成了期刊业发展的市场困境。

1. 读者群的流失

读者是期刊赖以生存的条件，读者注意力资源的优劣制约着期刊的发展。近几年来，期刊的读者市场情况不容乐观，读者接触阅读期刊的时间和阅读量均有所下降，年龄结构呈老龄化趋势，期刊能争取的读者资源越来越少，争取新读者的成本和难度都在增大。也就是说，期刊原有读者接触期刊的人数在不断减少，这样期刊对读者的影响力就会日益降低，同时因为读者的流失，期刊受众的注意力资源就要减少，期刊的广告市场也会受到影响，期刊在媒体中的竞争力逐步下降。期刊广告客户所看重的核心受众不断流失，读者使用互联网的比例不断攀升对期刊的读者进行分流，期刊的读者规模缩小，广告价值降低。一方面受众对期刊的依赖度有所减轻；另一方面，也反映了期刊的供求变化。由于读者现在可以从更多的途径上选择媒体来满足自己的需求，读者对期刊的需求逐渐减少。

随着新技术迅速介入社会生活的方方面面，人们采用新技术的频率越来越高，逐渐影响人们的日常生活习惯，其中也包括人们的阅读习惯。新媒体凭借其特有的优势，能够提供及时、全面、多角度的信息资讯，这是传统期刊所不能比肩的。与此同时，现代环境下的读者明显地表现出强烈的参与感和主动性，不再满足于被动的阅读者角色。而网络媒体恰恰能满足读者的这一需求，为受众提供了强大的自由、互动、自助的信息交流平台。新媒体的这种传播优势博得越来越多受众的喜爱。具体表现之一，就是在日常阅读活动中，人们开始将过去读书看报的时间大量转移到网络上，将自己有限的时间重新分配，并大量分配在新媒体阅读上。这给传统期刊的打击和影响是不言而喻的。新媒体分流了传统期刊的受众，网络期刊读者比例逐渐增大，期刊的影响力下降，使得期刊可发行的市场空间减少，后续发展动力不足。

2. 广告市场的萎缩

期刊广告份额是衡量期刊市场化程度高低的一个重要指标，也是期刊收益高低、占市场份额大小的重要影响因素。许多有影响的期刊往往把自己的主要市场定位在广告上，为了获得更多的、更高质量的广告，积极提升自己的品质。与此同时，许多企业家也认识到利用影响力较大的期刊，能有效扩大公司及其产品的知名度，同时期刊的传播特性，能使公司和产品宣传取得持续、稳定的效果。

新兴的媒体会分流传统期刊的读者，使期刊的读者规模缩小，随着各地区经济的进一步发展、新兴媒体技术的推广，这一趋势将会进一步明显。读者原本只接触期刊，现在还接触网络，期刊对读者的影响力会日渐减弱。在这个媒体竞争日趋激烈的年代，新媒体的势力不容忽视，它以独特的方式吸引眼球，对受众产生深刻的影响，因此，备受广告商的青睐。于是，越来越多的广告商加大了新媒体的广告投入，使得传统期刊的广告市场份额受到巨大冲击。

业界曾有人指出，制约传统媒体广告收入增长的一个重要因素便是网络新媒体广告分流传统媒体广告。"新媒体内容来源具有高价值、观点深入鲜明等特点，新媒体的价值逐渐获得企业主认可，广告主逐渐削减投向期刊的营销费用，转而投向新媒体，随着新媒体营销价值的提高，新媒体还将继续分流传统媒体的广告收入。"①

（二）教育类期刊面临的机遇

随着信息技术的发展与运用，网络版、电子版期刊等多种载体形式出现，给纸介质的教育类期刊的出版工作带来了极大冲击和挑战，影响着教育类期刊的发行量和广告收益。层出不穷的媒体形式间的竞争日趋激烈。但是，由于数字技术与网络传播技术的推动，无论是遭受冲击的传统媒体抑或形式多样的新媒体，任何一种媒体形式都无法取代他者独占市场，也没有哪一种媒体形式会凭空消失。各种媒体形式在竞争中不断完善自身，通过与其他媒体的合作或联姻实现资源的优化配置，相互接纳，彼此渗透，共同成长。

新媒体的崛起和发展为传统媒体提供了有益的思路和借鉴。面对新媒体显著的优势，传统媒体不能故步自封、维持不变，否则必将导致发行量继续下滑，读者群体缩小，社会效益与经济效益降低。传统媒体应该把互联网等新媒体作为弥补自身传播功能缺陷的新武器，发展电子版、网络版等多种载体，采用刊库一体化的出版模式。通过与新媒体的互动，充分发挥期刊在信息采集、加工、处理方面的丰富经验，实现传播效果最大化。期刊基于读者的不同需求提供多种媒体形式的信息服务，从而促使期刊的经营也从过去单一地追求发行量和广告额，转而真正形成多平台运营。新旧媒体技术的优势整合，将使传统期刊在网络技术的发展中获得新的巨大的生命力。②

---

① 曹冰涛. 如何看待新媒体对传统媒体提出的挑战 [J]. 科技传播, 2009 (2).
② 王娟. 新媒体冲击下我国报业应对策略探析 [D]. 西安: 西北大学硕士学位论文, 2007: 38－40.

第三节　教育类期刊发展的市场制约因素

教育报刊业发展历程已达 50 多年，在出版行业中可算是较有资历了。综观教育类报刊的发展，其在报刊业中的特点是明显的，也展现了其所具备的特殊功能：一方面，它承担着形成正确的舆论导向、引领教育改革、促进教育体系不断完善的责任；另一方面，它又要切合阅读群体的需要，完善和提升自己的经营、出版、发行，以便在市场化中占有相应的市场份额。

随着社会的转型，期刊出版行业也在加速市场化转变，各类期刊的竞争也变得日趋激烈。对期刊来说，这既是一种机遇，同样也是严峻的挑战。可以说，现阶段我国的期刊产业还缺乏参与市场化竞争的能力，各类出版、办刊人才缺乏，缺乏现代的营销和管理理念，因而大多数期刊自己的营销能力明显不足，这些都从不同层面制约着期刊本身的生存和发展。在社会主义市场经济条件下，与企业生产的产品相比较，期刊出版单位生产的产品无法与企业等同看待，主要是因为期刊产品同市场经济的联系还有一定距离。受各方面因素影响，期刊尚不能全方位与市场接轨。虽然如此，作为精神产品的期刊，其发行和销售依然是商品的形式。尽管期刊属于特殊商品，但不管怎样它还是商品。作为商品，它就得回到市场，接受市场经济规律的检验。

一、市场秩序有待规范

值得注意的是，中国当下的期刊市场亟待有效规范，市场秩序必须回到科学、理性的轨道上来。

（一）发行、广告数据有待完善

现阶段，期刊的大部分收入依靠广告经营，比如国外有很多期刊，其广告收入很多都是超过其发行收入的。和国外这些国家相比，我国的期刊经营还缺乏针对性的期刊广告理念，更别说进入现代化、大规模经营的广告市场，这些方面无论是理论还是实践都差距明显。

另外，从数据统计角度来说，中国的期刊还没有建立起权威客观的发行统计机构，由此造成监督机制模糊。加上各类期刊对发行量讳莫如深，或虚报或作假，因而很难得到一些真实的数据。例如，某些期刊为了赢取客户的广告订单，经常有虚报发行量的现象。

（二）违规出版期刊现象时有发生

因利益驱动，中国出版市场出现了一些没有刊号的非法出版物，以及一号多刊的违规出版模式，这对正常的期刊出版秩序造成了很大的负面影响。熟悉出版行业的人都知道，现在一些"灰色地带"的行为让人忧虑，如国际刊号国内发行、内部期刊忽悠成公开发行、一号多刊共用、书号期刊借用等。一些期刊单位，为达到多收版面费的目的，大量开设增刊来迎合市场，达到创收目的。这样的无序行为，最直接的后果就是平庸、低质的文章充斥版面，助长了学术腐败，让不明真相的人上当受骗，这样做不但严重损害期刊自身的形象，也搅乱了出版市场的正常运作，带来不易消除的负面影响。

（三）报刊业内部"同质化"竞争加剧

教育类报刊可分为四类：一类是省级教育报刊社，由各地各级教育行政部门主管主办；一类是各级党报党刊主办的教育报刊；一类是各出版社编辑出版的教育类报刊；一类是各教育学术团体办的教育刊物。这四种不同背景、不同主办者的教育类报刊，基本上占据着教育报刊市场。加上教育刊物数量庞大，因而同行间争夺市场份额就显得异常激烈。恶性竞争的现象也时有发生，造成教育刊物整体声誉下降。

长期以来，教育期刊形成了这样的特点：发行数量高，但市场化程度很低；发行渠道强，却没有相应的抗风险能力。教育类期刊存在的这些问题，主要原因是缺乏传媒战略规划。特别是办刊理念、定位、操作手法都没有自己的特点，大家办得都差不多，于是相互间就想方设法争夺受众。综观当下的教育类期刊，覆盖面变狭窄、读者趋向专一是其中突出的问题。这些问题造成的后果是，某些类别专业化期刊数量很多，但所载文章的主题和内容大同小异，形成优质期刊、优质文章短缺，劣质、低质期刊过剩的并存局面。这种大而全、条块分割、重复办刊的现状，已经让教育类期刊的整体水平严重下降，期刊品质和市场竞争力低下，于是教育类期刊变得越来越多，而读者却在不断减少。

市场经济的竞争焦点，就是看各自的期刊市场占有率是多少。而要提高市场占有份额，短期的功利行为显然是不可取的，而必须符合市场规律，走近读者，保证质量、信誉和提高服务意识。但是，因种种利益驱使，期刊中的无序竞争是颇让人痛心的。期刊品质趋向"同质化"，市场竞争更趋激烈是一个不能回避的问题。

二、办刊经费制约期刊发展

期刊的经费问题一直是办刊过程中难以回避的一个关键问题。长期以来，学术性质的期刊因为主办方一般都是高等院校或科研部门，其办刊经费基本上由它的上级主管单位或主办部门财政拨款，或给予行政性经费补贴。这种办刊模式具有计划经济的特点，是各类期刊长期办刊的基础。由于非市场经济运作，期刊部门在进行经费预算时，基本上不去考虑纸张费、印制费或一些其他方面的价格因素，而是简单根据一年的经费总量来进行期刊的各种运作，确定办刊经费的使用或预算，因此，期刊运作过程中经费不足的现象时有发生，但这一切都由上级部门通过财政来买了单，因而对刊物的生存和发展不存在什么大的威胁。随着我国事业单位的改革或转型，许多教育类期刊开始从主管、主办单位剥离出来，登记为独立的法人单位，有的还转型改制为企业，进行市场化运作，这样，财政资金来源就被切断了。

从目前国内绝大多数的教育类期刊来看，都存在着投入不足的问题，就算有一定的财政补贴，那也是入不敷出。由于现有教育类期刊基本上还没做好市场化的心理准备，市场经济观念缺失，对刊物的盈亏缺乏清醒的认识。在这样一种情况下，要把教育类期刊办好就显得艰难而窘迫了。期刊运行所需经费如果全靠上级补贴或财政拨款，显然不符合市场经济的发展规律。不管是全额拨款还是部分补贴，经费来源有限且单一，最多只能维持刊物日常的发展需要，如果谋求长久的良性发展，是无法满足的。以稿酬为例，在经费有限的前提之下，支付的稿酬必然只能维持较低标准，甚至达不到国家规定的最低标准，更别说和国际接轨了。这样对作者来说，难以激发其写稿动力，在众多刊物竞争之下，好稿优稿就更难约到了，优秀作者会逐渐流失。一本刊物如果没有优质稿件保证，没有优秀作者支持，期刊的竞争力、影响力自然无法谈起。

现实情况也是这样，在各类期刊中，学术期刊的生存环境是最为艰难的，教育类期刊亦如此，真正有心阅读的读者相当少，发行量低，收入不理想，很多都处在亏损的边缘。而且，在目前情形下，教育类期刊筹措经费仅靠发行量还是不现实的。此外，教育类期刊中还包括一部分学术型种类，其所具有的学术性的本质，与市场商业化也存在着矛盾，因而期刊在做广告、找协办单位时，如何保持自己刊物的学术本质，难免矛盾而无奈，如果处理不好，自己的期刊或许因为充斥浓厚的商业特点而影响期刊的品质和口碑，让人感觉不伦不类。因为经费短缺，教育类期刊必须面对经费与质量之间的平衡。因此，寻求合理、多渠道的资金来源，是教育类期刊首先需解决的问题，资金正常，才能维持刊物的正常运转。

三、发行渠道单一

教育类期刊由于读者的单一，其发行渠道受限。读者群主要是教育科研工作者、在校师生等。另外，由于教育学科特点，教育信息及专业范围呈分散状态，刊物所登文章也是"大拼盘"式的四处开花，本就狭窄的读者群就更小众了。此外，由于教育类期刊的市场意识还不够，对读者的需求没有深入的了解和探寻，期刊找不到很好的市场营销手段。比如期刊发行，现在一般是以邮局发行为主，辅之以自办邮发，发行渠道单一，发行力度欠缺，自然谈不上获取什么经济效益。

国内公开发行的期刊，基本上都走邮局这条专门的发行渠道，其垄断地位由来已久，垄断带来的就是服务质量的相对低下，发行的单一，自然也不同程度地影响到了期刊的辐射力和影响力。邮政发行在计划经济时代其优势是明显的，这种流通模式适应了当时的期刊业发展需要。但是，随着市场经济体制的到来，期刊市场化转型已经不可避免，邮政发行的单一流通模式，已经无法适应期刊发行的新需求，无法满足读者的多样化需求。具体而言：

（一）传统邮政发行体制模式约束并影响邮政开拓期刊发行市场的能力

邮政发行以期刊预订为特征，提供相应的目录征订给读者，由读者选择，对于期刊零售市场，邮政渠道无法提供更多选择，其结果便是邮发期刊的数量稳定，没有大的突破，这样的邮发渠道，束缚并限制着期刊业的发展。同时，也无法提供给读者更多的便利性和随机性的选择。

（二）邮政发行渠道网点众多，导致现有格局带有很强的行政运作倾向，难以拓宽视野，无法为期刊提供所需的增值服务

期刊社与邮政之间的合作，只能从期刊发行数字上来体现，无法从邮政获得更多的信息，比如读者情况无从知晓，更谈不上通过邮政来建立读者网络、开发读者市场。由此可见，邮政垄断发行，产销双方都付出了较高的成本，但却没有得到更多的回报。特别是期刊社，既要付出高额的邮发发行费率，而且无法及时拿到回款，对期刊的资金链造成影响，如果再加上其他一些意外因素，往往容易造成期刊经营资金短缺；而读者从中也没有受益，如相应的订阅折扣，这无形中加大了读者的期刊消费成本，也影响读者的订阅期待。

随着市场经济体制的逐步确立和发展，我国期刊发行领域也出现了竞争，开始向多元化的方向发展，一些期刊社开始自办发行，社会上相继成立各种发行公司。但总的来说，发行力量还是比较薄弱。

四、品牌意识薄弱

打造品牌，是当今时代的一大特征，无论是国家还是企业，都在有意识地打造自己的形象，创立吸引眼球的品牌特色。人们除了追求物质品牌外，也对精神品牌有了更高的需求。读报要看有影响的报，看书要看有质量的书，看影视也看口碑好的影视。因为品牌最能说明其实力和竞争力，也反映着一个人在追求上的品位和素养。今天，市场经济已经占据社会的主导地位，打造品牌自然是企业或行业的首要选择。随着出版业的转型与改制，教育类期刊也自然无法拒绝市场化的潮流，而树立品牌意识、形成特色、走品牌发展之路，自然也是教育类期刊的不二选择，可以说，期刊业的发展已经进入了以品牌竞争为特征的时代，教育类期刊也不例外。打造品牌特色，是提高期刊出版发行业核心竞争力的

必由之路，也是期刊社良性发展的有效途径。对教育类期刊而言，品牌即高质量和高品位，品质的提升可以给期刊带来丰厚的经济效益，还能带来巨大的社会效益，是期刊可持续发展的动力来源和重要保证。

教育类期刊的生存之道，源于较高的学术质量，以及较好的服务水平，这也是打造品牌特色的核心所在。教育类期刊要打造品牌特色，包含了一些应有之义，如强烈的社会责任感、高质的学术含量、满足读者的现代需求等。目前，我们国家多数的教育类期刊，在办刊宗旨和目标上缺乏鲜明的定位，没有自己的独特风格，与国际同类刊物还有较大的差距。加上期刊内部的一些问题，如评审、录用、发表周期等，给教育类期刊的品牌经营也造成困难。

五、经营管理者素质有待提高

我国的期刊业在发展过程中，还存在着一大问题，即高素质的期刊管理、编辑人才不足，加上期刊行业封闭的体系，僵化的用人制度，导致期刊业高素质的经营管理人才和高水平的编辑人才短缺，特别是管理人才更为缺乏。当前管理人员普遍缺乏战略思维、创新精神和国际视野，而具有战略思维能力的传媒职业经理人更是少之又少。人才的缺失，对期刊发展是致命的，比如期刊营销、管理理念等，就普遍不尽如人意，在现代市场经营体系下，导致办刊质量不高，市场营销能力低下。当前很多刊物就存在这样的问题，例如，刊物风格雷同，内容大同小异，无创新能力和自己特色；另外，在广告市场领域，虽然众多刊物也在尝试改变，但引资能力明显不足，广告收入无法达到预期目标。

六、教育类期刊的数字化出版进程缓慢

中国期刊市场如今还受计划经济的影响，运行模式没有根本性的改变，期刊经营仍是粗放式运作，没有在市场营销理念方面走上更广的

路，日常工作方式还是行政命令式的管理，市场导向没有发挥出应有的影响力。期刊市场化的一个重要特点是数字化出版已经不可阻挡，但期刊市场在这方面的应对却严重滞后，虽然有部分期刊也敏锐地感觉到了变化，但在转型过程中也是困难重重。教育类期刊在这方面也还没有什么突破性的进展。

现代信息化的高速发展，自然会带动出版行业的信息化、电子化。传统的教育类期刊在新的转型与发展过程中有困难是必然的，比如版权、收益、平台建设等因素，如果还无法得到很好的解决，教育类期刊数字化进程与新闻出版业数字化整体进程就显得滞后与艰难。但同时也要看到机遇与挑战同在，抓住契机，突破难点，勇于创新，教育类期刊在期刊数字化进程中将大有作为。

第 **3** 章

教育类期刊品牌战略研究

　　品牌是商业竞争中使用较多的一个概念，是指一个名称、名词、符号或设计，或者是它们的组合，其目的是识别某产品或劳务，并使之同竞争对手的产品和劳务区别开来。品牌的实质是其价值、文化和个性，是给拥有者带来溢价、产生增值的一种无形的资产。目前，品牌的概念已被运用于社会各个领域，在期刊可持续发展的研究与探索中构建期刊品牌也已成为期刊界的共识。

　　对于期刊品牌，有很多的理解和界定，并没有一致的标准。从其内涵和外延来看，期刊品牌是期刊用以区别于其他期刊的名称、标志、包装等符号的组合，是期刊办刊理念、市场定位、风格特色和整体形象的高度抽象和概括，是指"期刊在社会及整个传播领域中享有较高的知名度和认同感，并能够建立起个性独特的期刊形象"①。

　　2002 年，时任中国期刊协会常务副会长的张伯海在一次讲话中列举了 10 个方面的内容作为期刊品牌的判断依据：（1）期刊品牌是视质量

---

① 赵春江. 论期刊的品牌战略 [J]. 东北农业大学学报：社会科学版，2007(3).

信誉如生命的信得过产品。(2)期刊品牌是引领期刊内容、创意、手法、形态、风格等方面风气之先的黑马。(3)期刊品牌是由内在的丰厚底蕴与外在完美风采结合而成的高智力产品。(4)期刊品牌是读者的首选,读者深信不疑的是,品牌期刊所提供的精神食粮,其价值肯定超过购买这本期刊所付出的费用。(5)期刊品牌是读者的精神产物、心灵天使。在给读者带来愉悦的同时,善于将读者引入一个情趣相投、相互启发的环境之中。(6)期刊品牌是作者一心向往的发表园地。它既有凝聚力,作者都以站在它的旗下为荣,又有竞争力,令每个作者都兢兢业业,唯恐文章功力不够而有从期刊品牌行列中出局的危险。(7)期刊品牌是开发期刊生产力的强大动力。它以自己在数量与质量上的权威力量拉动期刊事业,特别是成为不断壮大期刊产业实力的尖兵。(8)期刊品牌是中国期刊事业进入世界期刊之林的入场券,是应对国际期刊市场竞争的重量级选手。(9)期刊品牌是先进文化的标志。在全世界参差不齐的期刊市场上,你可以根据期刊品牌的有无及期刊品牌的高低之别,判断出谁是文化的巨人,谁是文化的侏儒。(10)期刊品牌是参与社会变革、推动社会进步的舆论先锋。① 从近一二百年的中外历史中可以看到,一些知名期刊往往起到推动社会改革发展的无可取代的中流砥柱作用。以上10个参考标准对我们教育类期刊构建品牌有很好的参考价值和启迪作用。

对期刊业来说,"品牌是质量和品位的象征,不仅可以带来丰厚的经济效益,还可以带来巨大的社会效益和持续不断的发展动力,对其可持续发展具有深远意义"② 。我们可以这样理解,品牌代表着期刊的特点与个性、科学性与先进性、竞争能力与领航能力。因此,期刊竞争要靠品牌取胜。

---

① 顾冠华.提高人员素质 实施精品战略:在我社报刊质量工作会议上的讲话 [J].江苏教育通讯,2003(3).

② 史斌.市场化背景下期刊发展与品牌建设 [D].济南:山东大学硕士学位论文,2010:1.

第一节　教育类期刊品牌建设的意义

实施品牌战略已成为各类期刊面对市场经济和全球化竞争的必然趋势，教育类期刊也不例外。无论是从学科、专业发展的学术视角，还是从传播先进的教育理念、发挥育人功能的科普角度来看，教育类期刊构建品牌特色都具有非常重要的现实意义。首先，教育类期刊品牌特色的构建，有利于提高期刊的社会效益；其次，有助于优化教育类期刊的资源配置。

一、有利于提高教育类期刊的社会效益

期刊是精神产品，属于意识形态的一部分，归于上层建筑范畴，这是期刊的社会定位。根据这一定位，在市场经济背景下必须关注其文化建设的社会效益。①

期刊的社会定位决定了其品牌建设必须观照社会效益。尤其是教育类期刊，其服务教育事业、繁荣社会主义文化的社会定位决定了其品牌建设首先要考虑社会效益。

打造期刊品牌不同于打造商品品牌，我们要充分考虑到期刊的意识形态属性，要充分重视期刊所承担的社会责任。可以说，打造商品品牌，最直接的目的是经济效益；打造期刊品牌，首先要考虑的是其社会效益。我们要清醒地认识到教育类期刊品牌的打造对我国教育文化事业

---

① 史斌. 市场化背景下期刊发展与品牌建设 [D]. 济南：山东大学硕士学位论文，2010：10.

建设的重要意义。教育类期刊的发展问题，首先是发挥期刊社会效益、传承社会文明的问题。在市场经济大背景下，我们并不排斥期刊所带来的经济效益，即我们要打造既坚持正确方向又适合社会需要，既有社会效益又有经济效益的教育类品牌期刊。基于此，政府对打造期刊品牌往往会有政策方面的扶持。例如，为应对入世挑战，中共中央办公厅、国务院办公厅 2001 年联合下发了 17 号文件，要求新闻出版、广播影视部门积极主动，深化改革，做大做强，提高实力、活力和竞争力。新闻出版总署相应制定建设"中国期刊方阵"，创立有世界影响的名牌期刊战略。① 再比如教育部名刊工程。教育部名刊工程会议指出，教育部启动的高校哲学社会科学名刊工程是国家重点支持的、为进一步加强高校哲学社会科学研究、展示高校哲学社会科学研究成果的一项重大工程。②

期刊出版物是一种满足读者精神文化需要的特殊商品，尤其是教育类期刊在繁荣我国教育文化事业中起着无以替代的重要作用。因此，打造教育类期刊品牌，将使教育类期刊更好地为教育改革和发展服务，更好地担负起自身的社会责任，进一步发挥其社会效益。

二、有助于优化教育类期刊的资源配置

在期刊市场竞争日益激烈的当下，通过期刊的品牌化提高期刊的附加值，就成为提高期刊经济效益和社会效益的重要手段。③ 品牌期刊往往具有较强的市场影响力和较好的经济效益，所以投资品牌期刊总是能够获得更多的市场回报；而且品牌期刊通过资源整合，变不良资源为优质资源的能力较强。因此，期刊品牌化有助于优化期刊业的资源配置。

---

① 袁贵仁. 新世纪新阶段高校社科学报的形势和任务 [J]. 北京大学学报：哲学社会科学版，2002 (6).

② 教育部名刊工程会议 (摘要) [J]. 雁北师范学院学报，2006 (1).

③ 姬沈育. 期刊品牌化的核心因素与路径选择 [J]. 河南师范大学学报：哲学社会科学版，2008 (3).

当前，期刊业中一个突出的问题是，低水平重复办刊导致刊物类型同质化，这大大浪费了本不丰裕的办刊资源。早在 2002 年，时任教育部副部长的袁贵仁在全国高校社科学报工作研讨会上就提出了高校社科学报资源整合的问题，而且肯定了一些高校在资源整合方面所作出的尝试。教育体制改革实质就是教育资源重新配置的问题。随着"十二五"规划的展开和出版体制改革、文化体制改革的推进，不仅高校期刊，所有期刊都将面临新一轮的改革。对于任何现有期刊的可持续发展，这是挑战也是难得的历史发展机遇。教育类期刊的可持续发展，同样面临办刊资源重新整合的问题和资源配置的效率问题。

入选教育部名刊工程的 17 家综合性学报一致认为，袁贵仁部长在 2002 年提出的高校学报发展的"上、中、下"三策中，上策就是"高校学报联合办专业性期刊"，在进行了七年的建设后，高校学报已有能力迈出专业化、集约化和数字化发展的步伐。2011 年 2 月，"中国高校系列专业期刊"正式创刊。"中国高校系列专业期刊"是 17 家综合性学报联合打破校域界限、创建高校一级学科专业期刊的初步尝试，也是优化期刊资源配置、打造专业期刊品牌的一种尝试。其中，"教育·心理"专刊即是教育学一级学科专业期刊专业化、集约化和数字化的体现，是教育类期刊重新配置办刊资源的范例。虽然"中国高校系列专业期刊"成立的联合编辑部只是一个松散的不具备实体性质的组织机构，但其在办刊资源整合、打造专业期刊品牌等方面的有益尝试是值得肯定的。

综上所述，无论是从学术视角，还是从科普角度来看，教育类期刊构建品牌特色都将有助于优化同类期刊在人力资源与资金资源方面的配置，都将进一步提高刊物的社会效益和经济效益。结合教育管理杂志社办刊实际，本章以教育类工作指导性期刊和教育类学术性期刊为例，进一步分析教育类期刊如何构建品牌特色。

第二节　教育类工作指导性期刊的品牌特色构建

教育类工作指导性期刊，是指由教育行政部门或有关教育研究机构、高校主办的、对教育工作起指导和宣传作用的定期出版物。与其他刊物一样，教育类工作指导性期刊的恰当定位是其可持续发展的基础，上乘的质量是其可持续发展的关键，在优质的基础上办出特色则是其可持续发展的长效机制。

一、教育类工作指导性期刊的办刊定位

期刊办刊定位是指期刊的办刊宗旨、办刊方向，期刊只有定位准，才能杂而不乱，才能办出特色、办出风格、办出精品。这是刊物生存和发展的必要条件。

教育类期刊需要合理定位，这是因为：第一，不同的教育实践领域需要不同的理论指导。教育领域点多面广，涉及千家万户，从纵向来看，有学前教育阶段、义务教育阶段、高中教育阶段以及高等教育阶段；从横向来看，有教育管理、教育行政、教育研究等。第二，期刊就其性质来分，有综合性、学术性、资料性等不同类型，各类期刊虽有明确要求，但刊出的内容及其读者对象又往往是互相交叉重复的，这就需要在众多的期刊中瞄准自己的读者对象，在办刊上准确定位。第三，以指导性作为办刊特色，既可涵盖尽可能大的读者群，又能使读者个体获得尽可能多的有效信息。明确定位后，就可以自觉地把实践指导性作为办刊所追求的重要目标，以求形成自己的特色。

（一）办刊宗旨、办刊理念的定位

办刊宗旨是对办刊目的的高度概括，其实现必须要有具体的办刊思想、办刊理念作指导。要实现办刊的宗旨，必须通过编辑人员特别是居于决策位置的编辑人员，将办刊理念转化为具体的实践。办刊理念作为办刊实践的指南，具体体现在办刊方针、政策与办刊策略、办刊模式等各方面，贯穿于办刊活动的整个过程。不同的刊物有不同的办刊理念。办刊理念取决于期刊的内涵，其实质是通过对期刊内涵的挖掘，找到期刊的个性，并通过办刊理念表达期刊的个性与情感。确定并实施办刊理念，是树立期刊品牌形象、形成期刊个性风格，以及加强期刊核心竞争力的坚实基础。办刊理念一旦确定之后，相关的栏目设置、选题策划、内容编辑、美术设计和排版印刷等都要以其为核心展开。即期刊的办刊理念决定了期刊的运作流程，决定了期刊的未来发展方向。纵观优秀期刊的成长与发展，不难发现，其共同点都是有明确的办刊理念和准确的期刊定位。

（二）作者定位

作者是给期刊提供"原材料"的人。作者定位必然要求对作者的学术专长、写作能力和学术影响力等情况进行了解。要结合选题要求，对作者的素质作综合考虑，用其所长。教育类工作指导性期刊在作者定位上首先需要确定工作指导性的作者，教育行政人员是第一需要考虑的对象。其次是需要确定学术指导性的作者，那么专家学者就是需要考虑的对象。最后是需要确定工作经验、工作方法交流性的作者，那么教育实践领域的作者就是需要考虑的对象。

（三）读者定位

教育类期刊定位包括许多方面，除了对自身办刊宗旨、办刊理念的定位之外，在市场机制的环境下，最重要的是对市场目标受众的细分，即首先要解决好刊物给谁看的问题。"理想的读者定位对一本期刊的生存和发展至关重要，它从一开始就决定了期刊的编辑取向、编辑方针、编辑内容、服务目标和经营模式，决定了期刊的市场前景和发展空间，也就决定了期刊的竞争力。"① 读者是期刊的服务对象，期刊的内容、版式、风格等成功与否，很大程度上要取决于读者是否认同。期刊只有明确定位自己的受众群，做好目标受众群体的交流平台服务工作，有的放矢地去为读者服务，才能拥有忠实受众群体。

　　教育的参与者可以分为教育决策者、教育实践者和教育研究者。教育决策者是指各级政府和教育行政部门的行政人员，教育实践者指的是各级各类学校的校长和教师，教育研究者是研究教育的专家学者。这样看来，教育类工作指导性刊物的读者就应该定位于教育行政人员、校长和教师以及研究教育的专家学者。当然这是第一步的定位，还可以继续根据读者对象进行进一步的细分定位。对读者对象大致分类后，在具体进行定位时，需要了解同类刊物的特色优势及影响力，然后结合自身实力，作出科学定位。

（四）　内容与形式定位

　　从内容上看，教育类工作指导性刊物可以有教育综合类刊物、教育管理类刊物和教学类刊物。在内容选择上，应尽量选择那些紧跟教育改革与发展、角度新颖、见解独到的文章。在同类刊物中要体现出自己的独特之处，换句话说，教育类工作指导性刊物只有拒绝一般、彰显特色，才能在激烈的市场竞争中取胜。刊物存在的价值一是要有独特的内容，二是要有独特理念和独特方法。树立教育类工作指导性刊物的独特之处，既体现在它与众不同的定位上，也体现在其鲜明的风格上。相似的刊物内容可以相近，但切入的视角应该有差别。在这里要做到独特，具体而言就是文章要经过严格的筛选、审核和加工。从内容上讲，要做

---

① 罗国干. 关于办好教育教学期刊的几点思考 [J]. 学术论坛，2010(4).

到"人无我有，人有我特"；从形式上看，要做到与类似刊物有所不同，栏目、装帧、版式别具一格。

二、教育类工作指导性期刊的质量保障

质量是期刊的生命。期刊的质量包括所刊文章的引用率、转载摘要率、索引率、下载率等综合指标形成的影响因子，也包括作者信任度、读者关注度、社会影响、学术影响、受众反馈等，如果这些都好，期刊质量就高。要想提高期刊的质量，就得从其选题策划、稿件质量、编校质量、印刷装帧质量方面下工夫。

（一）选题策划

选题策划是根据当前形势发展的需要，围绕期刊主旨，采取相应的形式，每期用一篇或数篇"重量级"文章聚焦表达思想，探讨社会热点问题的一种做法。在这一过程中，编辑起到的作用不言而喻。选题策划是编辑意图的具体体现，而要获得良好的策划效果，编辑主体应该准确地把握时代精神和时代发展方向，依据办刊宗旨、特色及专业优势进行选题策划，努力体现出编辑策划的创造性思维特征，积极营造先进的文化氛围。一个有创意的选题，不仅要体现时代特征，还要体现刊物的学术性，要站在专业领域和时代的前沿。可见，选题策划对教育类工作指导性刊物具有全局上的影响力。

当前，选题策划已被绝大多数期刊认为是扩大期刊社会影响力以及扩大发行量、增进经济效益的重要手段。在我国近二三十年的教育发展历程中，像教育本质问题、智力发展与能力发展关系问题、教育体制改革问题、素质教育与应试教育关系问题、基础教育课程改革问题、高校扩招问题、教育收费问题、教育公平问题等，都曾在相应的历史时期成为社会关注的重点、热点问题，并成为各时期教育类期刊选题策划的主要内容。期刊为这些问题的探讨和解决提供了平台，同时也实现了自身的价值和效

益。因此，有学者指出，期刊"只有紧跟重大问题的发展走向，顺应广大读者的需求，展开特别选题策划，发挥良好的导向作用，才能赢得更好的社会支持"①。

关注当前的难点、热点问题，做出好的选题是选题策划的第一步，在此基础上，编辑必须充分考虑选题策划实施的可行性。

1. 选题的科学性

选题策划要有充分的科学依据。目前，有些选题缺乏调查研究论证，由编者或是研究人员闭门造车，凭空想象而来，这样随意得出的选题，是得不出任何有价值的结论的。对于选题的确认，编者一定要深入基层，对选题进行反复比较、论证，再决定选题的取舍。

2. 选题的创新性

选题的新颖度是期刊能否吸引更多读者的关键。在坚持正确舆论导向的前提下，根据稿件的特点，突破固有模式的限制，用最富有表现力的编辑手段，对选题进行精加工。创新的方法可以有很多，关键是编辑要突破旧的思维定式，在坚持正确导向的基础上不断求变、求新，其目的是进一步增强选题的亲和力，扩大选题的影响力。

3. 选题的前瞻性

编辑虽然不能掌握所负责的学科门类的所有前沿知识，但也不能人云亦云、亦步亦趋。编辑应在已有知识结构的基础上，时时关注教育学科的前沿问题，对一些教育话题有一定的预见性，满足读者的阅读期待。

---

① 李柏宁. 教育期刊品牌战略发展的构思 [J]. 当代教育科学, 2007(9).

4. 选题的可操作性

编辑必须考虑到选题的实际可操作性，对可能遇到的问题要做到心中有数。在诸如选题的前期资料的收集和整理、选题的可行性研究、作者和专家队伍的选择、选题的优化和实施过程中可能遇到的问题和困难，要有所准备。

(二) 稿件质量

稿件的质量直接影响期刊的质量。评价稿件的质量主要有对稿件内容的质量评价和对稿件形式的质量评价。

1. 对稿件内容质量的评价

政治性：指稿件中的政治立场、观点倾向等。基本要求是要以马列主义、毛泽东思想和邓小平理论为指导，以科学发展观为统领；不违反党和国家的各项方针政策；不含有《出版管理条例》规定的如危害国家等内容；不与我国现行法律法规相抵触。

思想性：指稿件中反映的思想内容和思想倾向等。基本要求是坚持"以科学的理论武装人，以正确的舆论引导人，以高尚的精神塑造人，以优秀的作品鼓舞人"，为精神文明建设服务。

科学性：稿件反映客观事物的真实性和准确性。

知识性：稿件所包含知识信息的容量与价值。

创造性：稿件在内容上的创新特点，包括理论创新、技术创新、艺术创新等。

2. 对稿件形式质量的评价

结构框架：稿件内容层次安排形式。合理的框架有助于突出主题，方便读者把握。结构框架合理表现为：各部分遵循一定的逻辑，体现系统结构，概述分述关系明确，有明显的层次安排；不矛盾、不重复，详略有别，又互相呼应。

行文格式统一：各级标题采用互有区别的格式标志，同级同标；各种注释标志应该一致；图片、公式等标注形式一致并符合规范；辞书要求凡相同性质的条目都应该具有统一的模式。

表述形式：稿件中对语言文字（符合规范）以及量和单位（符合国家标准）的应用状况。语句规范无残缺，表述准确，符合语体；无错别字，对异体繁体字的使用应符合国家有关规定，异形词用推荐词形，数字用法应符合国家标准。

在明确稿件质量标准的基础上，还需要设法扩大稿件的数量，因为只有有一定数量的稿件，编辑才有选择的余地。对于教育类工作指导性刊物来说，关注教育动态，主动约稿、组稿是提高稿件质量的主要途径。了解教育动态的方法很多，例如：多关注高层次学术会议；经常与一些重大教育项目的负责人交流，及时了解最新研究课题；多翻阅、参阅本行同类优秀期刊，密切关注它们的最新动态，比如新创立了哪些特色栏目、刊登了哪些重要作者的文章、这些作者在从事哪些领域的研究等。

约稿对象包括教育领域文章引用率较高的作者、对期刊有较深感情的作者、基金论文作者及专题论文作者等。组稿直接关系到稿源的质量和期刊的学术质量。因此，具有特色的、办得好的学术期刊在组稿、约稿上都有自己的做法和模式。通过运作这些组稿模式，为特色学术期刊组到质量较高的稿件，为期刊拥有较稳定的、高水平的学术质量打下基础。组稿可以有这样一些模式：选题计划指导下的组稿与自由来稿相结合模式；依托式组稿模式；结合式组稿模式，即科研与办刊结合；评估式组稿模式。①

规范的审稿制度是刊物稿件质量的有效保障。期刊审稿规范与否，

---

① 　王冠，孔颖. 高校特色学术期刊的自组稿模式问题及其应对策略 [J]. 西安外事学院学报，2007(9).

直接影响期刊质量的高低。健全的审稿制度，严谨的刊物内容审核，有助于提高刊物的学术水平，扩大刊物的影响。具体而言，规范的期刊审稿可以在一定程度上防范"人情稿""关系稿"和"身份稿"，从而保障期刊的质量。目前，大多数学术期刊采用的外请专家复审制度，乃至双向匿名（即审稿专家不知作者情况，作者不知审稿专家情况）复审制度，在保证刊物的质量上效果明显。双向匿名审稿制可以从制度建设和规范流程等方面杜绝"人情稿""关系稿"和"身份稿"，有助于审稿专家和期刊编辑坚持以学术质量为文章取舍的唯一标准，保证期刊的稿件质量。对于审稿专家来说，因为是匿名，专家审稿时可以摆脱许多非学术的因素，从学术质量的角度出发，写出自己的审稿意见；对于编辑部来说，编辑又可以匿名审稿制度为理由，根据审稿专家的意见，回绝说情者的请托，从而严把学术质量关，提高刊物的学术水平。

（三）编校质量

编校工作是期刊出版工作的重要环节，也是期刊质量的重要影响因素。规范的制度管理、完善的流程体系，可以增强编辑的责任感，充分发挥编辑的潜力，从而有效地提高编校水平，为期刊可持续健康发展奠定坚实的基础。本研究在参阅有关文献的基础上，尝试提出建立期刊编校质量保障体系的设想。

1. 内部保障体系

一是规章制度的完善。要实行栏目分工，建立科学化的编校流程；制定岗位目标责任制和考核制度；制定适合期刊自身的编校标准。

二是编辑素质提高的保障制度。要强化责任意识，充分发挥编辑的主动性和创造性，不断提高编辑的质量意识；要进行培训与学习，不断提高编辑的业务素质。

2. 外部保障体系

一是完善编委会监督机制。加强编委会对期刊的监督机制，定期或不定期召开编委会会议，使其从本学科专业的角度对编校工作进行监督，对编校质量进行检查，对影响编校质量的因素进行分析，进而就提高期刊的编辑出版质量建言献策。编委的点评和监督、外籍编委或单位编委的加入、审稿专家库的不断更新、向审稿专家组稿或约稿等均有助于提高期刊稿件质量。

二是建立审读机制。定期将期刊交付国内相关权威机构或专家进行审读，建立专业、客观的外部监督机制，从而客观、有效地发现期刊编校中存在的问题，为编校责任制的改进提供依据，使期刊向国际化标准看齐，从而为期刊进入国内外著名数据库和检索系统奠定坚实基础。①

（四）印刷装帧质量

教育类期刊是中国杂志业的一个独特品种，教育类期刊与生俱来的"文以载道"（教育）血统，决定了其与其他期刊的区别，所以要把教育类期刊完全当成商业性杂志来对待，那肯定是不现实的。一方面，教育类期刊是宣传品，它与娱乐休闲性的期刊不同，承担着传播教育知识的作用；另一方面，教育类期刊又是商品，要有好的包装，才会有市场，才会有人买。所以，严肃与活泼的统一是教育类期刊设计装帧的准确定位。在表现教育刊物的严肃性的同时，装帧设计要求做到富有艺术性、形象性与亲和性，以期用一种平和、轻松、质朴的设计语言，拉近刊物与读者之间的距离。提高教育类工作指导性期刊的印刷装帧质量，需要突出以下几点：

---

① 王开胜，等. 高校学术期刊编校质量保障体系的建立 ［J］. 石河子大学学报：哲学社会科学版，2010（8）.

1. 形式与内容是一种整体关系

期刊的形式与内容是表和里的关系，有精彩内容，没有美的装帧，那么期刊的外在形态就会影响到内容的传播。教育类工作指导性期刊有其特殊性，既是政治性、政策性很强的严肃刊物，又应该是通俗易懂的大众刊物，所以在装帧设计的指导思想上，既不能像文化生活类期刊那样，大量使用美感图片和版面留白，又不能像学术刊物那样过于正统、严谨。

2. 封面设计与主题要契合

封面便是期刊的脸面和灵魂，如同企业标识一样彰显着期刊的定位和宗旨，封面是期刊的理念、形象气质的体现。在刊名设计上，要使形、色凝练浓缩，优美明快，具有强烈的视觉冲击力，以此吸引读者的注意。

3. 版式设计的多样性必不可少

内文的版式设计，目的在于有利读者阅读，设计者在构划时要根据期刊栏目的设置进行总体布局，使版面比重、版样形式和色彩安排等方面具有节奏与美感。既要关注文与文之间的多样性，又要注意文与文之间的连续性和设计风格的统一性。在总体设计风格统一的情况下，根据文章的不同性质，运用与内容相一致的形象化的设计语言，编排出不同的样式。

4. 插图是活跃版面的最主要手段

教育类工作指导性期刊的插图大致可分为三类：一是配文章的纪实性照片；二是与内容相配，画面虚拟的资料图片；三是绘画性图片。作为工作指导性期刊，应尽可能多使用纪实性图片，强化真实性，对一些画面精彩、摄影艺术性强的图片，要不惜版面放大做足，增强视觉冲击力。有些文章往往没有随文的纪实照片，设计者可从资料库中选取内容大致相近、意境相似的图片替代，但图片一定要有艺术性和可看性，以引起读者的阅读兴趣。对于一些虚构的、阅读性很强的文章，可采用绘画性插图，包括运用照片与笔绘相组合的意识流式的插图，并且插图边缘不要太规整，以显出随意、轻松、活泼的视觉效果。

总之，通过特有的艺术设计语言，以优美的设计给读者带来视觉的美感，增加读者的阅读兴趣，是一个期刊美术设计者的首要任务。

三、教育类工作指导性期刊特色的构建

期刊的特色即指期刊在内容和形式上有别于其他期刊的鲜明标志。办刊实践告诉我们，期刊要办出自己的特色并不容易，期刊特色的形成需要一个过程。所以，当某种期刊呈现出鲜明的特色，往往是期刊经过长期发展之后，达到了比较成熟的阶段，并具有一定的价值，甚至已经具有一定的权威性。

期刊特色表现在多个方面：有外在的特色，例如栏目特色、版式特色、装帧设计特色等；也有内在的特色，比如行业特色、专业特色、地区特色、时代特色等。根据自己的办刊宗旨和办刊理念，大部分期刊都积极促进自身特色、个性和风格的形成和发展。特色，一般表现期刊的外部形色；个性，多指向内在性质；风格，是在特色、个性基础上的艺术表现。三者相互影响，彼此交融。期刊炼铸自身的特色对期刊的生存和发展有着重要意义。对此，期刊工作者要结合自己刊物的实际，精心整合，形成期刊自身的特色，才有可能创立独领风骚的"品牌"形象，赢得读者的认可与赞誉，才能在期刊丛中占有一席之地，使期刊具有强盛的生命力。

教育类期刊的特色专指质量优秀的教育类期刊所具有的独特品质。质量优秀的教育类期刊一定是有特色的。在编排形式上，要贯彻执行有关标准和规定，教育名词术语的使用要统一规范；要做到版式设计规

范、合理、美观，版权、目次页内容符合标准要求，印刷清晰、新颖，装订整齐、坚固；在政治上，它要确保所刊发的学术论文体现国家教育发展的战略要求和有关的教育政策；在学术上，它所发表的文章要具有前沿性、创新性和科学性。只有符合上述质量要求的教育类期刊所具有的独特之处，才能真正称得上特色。

目前，我国的教育期刊林林总总呈繁荣之势，但也存在着较为严重的质量参差不齐、选题重复、内容雷同的情况。因此，在众多的教育期刊中，为期刊找准定位、办出特色，是期刊立足和发展的关键所在。本研究就教育类工作指导性期刊的特色培育问题，提出以下几点看法。

（一）首先要强化刊物的指导性

教育类工作指导性期刊中的"指导性"，不是指一般工作的指导，而是指通过教育类期刊这一交流平台，对读者进行有关政策、理论方面的指导，提供相关信息，从而起到沟通、引导的作用。教育类工作指导性期刊要体现指导性，须根据相关热点议题，及时组织有关领导和专家撰写具有一定理论深度的文章；须根据刊物的主要读者对象，针对他们可能面临的困惑和问题，发表有指导性、启发性的稿件，这样才能强化教育类工作指导性期刊的指导性，进而彰显出教育类工作指导性期刊的价值。近年来教育类工作指导性期刊对于教育中的热点难点问题，如择校问题、师德问题、素质教育问题、教育质量问题、教育公平问题等，组织教育管理与教育研究专家、学者撰写论文，拓展了教育工作者的思路，推动了教育体制改革，强化了期刊的指导性，起到了很好的舆论导向和工作指导的作用。

（二）要结合地域教育情况形成特色

教育类期刊要根据自身所处地域的教育实际来开展理论和实践研究，从而使期刊研究活动各有侧重、各具特色，呈现出类别性、层次性、地域性。教育类期刊是区域教育实践活动的展示窗口，由于不同地区的教育活动客观上必然存在一定的差异性，因此，折射到教育类期刊也必然具有明显的多样性和复杂性特征。结合地域教育具体情况，教育类期刊要贴近教育实际、贴近教育工作者，总结新经验、解决新问题，突出我国教育改革和发展的时代主旋律，从地域教育实际情况出发，进行教育理论研究和教育改革实践探索，逐步形成自己的特色，只有这样才会具有个性和活力，才能产生较高的社会效益及经济效益。

（三）要在栏目设置上形成特色

期刊栏目策划，就是按编辑思想对选定文章进行整合。大凡有特色的期刊，都具有较高的文稿整合水平，它们往往由多个具有刊物共性特色的栏目与具有个性特色的栏目共同组成，各栏目之间互为补充，和谐统一。根据实践，搞好栏目设计应遵循的原则是：一是明确体现刊物宗旨的栏目定位，眉清目秀、主次分明；二是栏目本身要有自己的个性；三是常设的主干栏目相对稳定、丰满，以确保期刊的主体性；四是根据需要适当设置活动栏目和特殊栏目，以补充主干栏目的不足，凸显时代特色和为期刊整体润色。除此之外，还要特别重视期刊的艺术性。"这些原则是一个统一的整体，只要有效地整合，就会使期刊呈现出别具的丰姿，其特色就会深深地楔入读者的心中。"①

新闻出版总署 1999 年 2 月 1 日发布试行的《中国学术期刊（光盘版）检索与评价数据规范》（2006 年 6 月 1 日修订）指出：栏目可分为综合性栏目与专题性栏目。专题栏目具有跨学科性、时代性、探索性和前沿性等特点，它可以整合现代相关学科资料，实现学科交叉，从而产生原创性或创新性的理论成果；可以使刊物具有强烈的时代气息，贴近实际、贴近生活、贴近群众，从而使理论更好地为现实服务；同时，也可以使基础理论和应用问题的研究内在统一起来，从而既促进理论的发

---

① 王广忠，张艳，杨思尧. 对期刊特色的再认识与炼铸［J］. 沈阳农业大学学报：社会科学版，1999(3).

展，又为现实问题的解决提供理论指导。总之，专题栏目能够充分发挥编辑的主体作用，集中体现办刊方针和编辑思想，从而使期刊形成自己的风格和特点。

（四）要在选题上形成特色

通过选题策划塑造个性，是期刊永葆活力和吸引读者的重要手段。不同期刊有自己的办刊方针、办刊宗旨和办刊范围，应根据自己的办刊宗旨和办刊范围，围绕优势研究领域和资源力量，找到自己的生存空间，突出办刊特色，树立鲜明的期刊风格。为此，在教育类期刊的选题策划活动中，要尤其注意形成期刊的独特性，做到"人无我有，人有我新"。"人无我有"，意味着要做出独一无二的选题策划；"人有我新"，则意味着选题策划的角度要出奇制胜。因此，期刊编辑在进行选题策划时，要敢于突破原有的思维框架，进行大胆探索，使选题策划与众不同，体现出编辑的"独具匠心"和"别出心裁"，充分展现出选题的与众不同之处。同时，应按照期刊自身的规律，依据办刊宗旨、研究特色及优势领域，确定主攻方向，找准选题的切入点，策划与其研究方向密切相关的重大选题，打造自身的特色，更好地体现期刊的方向、方针和价值取向。

（五）要在管理上形成特色

期刊首先是由人来规划和经营的。因此，人才队伍是刊物生存与发展的关键要素，同时也是期刊核心竞争力的重要体现。我们提出适应新世纪新阶段的期刊编辑队伍应是一支"政治强、业务精、守纪律、懂经营、敢创新、专兼结合"的精干高效的编辑队伍。人才在期刊发展过程中的作用不言而喻，因此，要尽可能地发挥出每一个人才的力量，充分挖掘出每一个人员的潜能，进而形成一股强大的凝聚力，推动期刊健康稳定地向前发展。根据期刊自身的发展目标和思路，期刊在管理上也呈现出各自不同的特色，体现在具体的人才管理规范、奖惩机制等方面。

而不管采取何种人才管理模式和激励机制，无外乎都想要达到一个能"吸引人才、留住人才、用好人才"的理想状态，为人才的发展构建和谐、有序的发展环境。

此外，还应加强信息资源的建设和管理。期刊编辑管理系统是通过建立一个网络环境下的开放式、综合性的期刊编辑业务综合管理平台，将编辑部的主要工作内容在网络环境下集为一体，为编辑部提供一个实用的网络化工作环境，达到规范化管理。有效的信息资源管理可以从根本上提高期刊编辑业务管理工作的自动化和科学化水平，减轻编辑部工作人员的工作负荷，避免无意义的重复劳动，大大缩短投稿和审稿时间，节省人力物力，提高工作效率。

教育类工作指导性期刊的特色形成必然符合现代期刊运行的一般规律。现代期刊的运行是一项系统工程，包括了对期刊的读者定位，读者的消费水平，文化程度，期刊的选题、专栏、文风、封面风格、版式设计，作者队伍以及营销发行、广告和活动等诸多元素，进行可行性分析或设计，制定出行之有效的策略和措施，科学合理地进行操作。要调动期刊的一切人力、物力、财力、智力资源，进行最优化配置，对期刊的所有元素进行统一、系统的运筹与协调，从而使期刊在定位、特色以及力度、深度上都能获得质的飞跃。

综上所述，在管理上形成特色应主要体现于队伍的建设和管理，体现于信息资源的建设和管理，也可以说，这是办好教育类工作指导性期刊之根本保证。①

---

① 刘东敏. 关于教育理论期刊特色问题的几点思考 [J]. 高等师范教育研究，2003(3).

第三节　教育类学术性期刊的品牌特色构建

　　学术性刊物的主要任务是反映科学研究最前沿的新观点、新材料、新方法，而不是一般意义上的宣传和教育，重在科学性和先进性而不是普及性，其刊载的文章应当站在学术研究的前沿，提出或分析理论研究和社会实践中的重大问题①，有独到新颖的见解，富有创造性和启发性，对于学术理论研究或社会实践具有推动或指导作用。

　　教育类学术性期刊林林总总，有的"问题意识"强，有的"学科综合性"强，有的"专业学术性"强，有的"工作指导性"强。从学术角度看，前三类在教育类期刊群中所占分量最大，是科学研究的主流。虽然同为教育类期刊，但是由于主管部门不同、主办单位各异、办刊宗旨定位不同、办刊理念有别等历史现实问题，我们应遵循"分类管理，分类发展"的原则，来研究和探索具体某一刊物的可持续发展路径。不过，作为一类刊物，其发展又存在着某些共性。不论对哪一种、哪种层次上的教育类学术性刊物，刊物的定位、办刊理念、品牌战略的实施等影响其可持续发展的关键问题必须明晰，否则，刊物的可持续发展就会成为空中楼阁。

一、教育类学术性期刊的主要任务与办刊定位

　　教育类学术性期刊在繁荣我国教育文化事业中起着无以替代的重要作用，在当前出版体制改革、文化体制改革的大背景下，其担负着重要

————————

①　胡维定. 对高校学报科学定位的思考［J］. 江苏高教，2004(3).

的历史使命。何去何从？如何走可持续发展之路成为教育类学术性期刊办刊人面临的重大攻关课题。定位准确是办刊成功的根本，办刊理念指引着刊物的发展方向。因此，我们首先要明确教育类学术性期刊当前需要承担的主要任务，然后研究探讨教育类学术性期刊"应然"的办刊定位和办刊理念。

（一）教育类学术性期刊的主要任务

1. 坚持正确的政治方向和学术导向

第一，教育类学术性期刊要坚持正确的政治方向。前文已述及期刊是精神产品，是意识形态的一部分，属于上层建筑范畴。因此，教育类学术性期刊首先要坚持正确的政治方向，明确"为谁服务"的问题，坚持在思想和行动上和党中央保持高度一致。第二，坚持先进文化方向。教育类学术性期刊要积极宣传教育科学理论，牢牢把握社会主义先进文化的前进方向，与时俱进，开拓创新，为我国教育文化事业繁荣发展领航。第三，坚持教育科学研究为人民服务、为社会主义服务的"二为"方向和"百花齐放、百家争鸣"的"双百"方针，提倡理论创新和知识创新，实行学术自由和讨论自由。① 要善于区分政治问题和学术问题。在学术方面，允许各种不同观点之间的相互争辩；在政治上，必须坚定不移，旗帜鲜明。教育类学术性期刊要为提出教育新理论，形成新学派，取得教育新成果营造良好的氛围。

2. 坚持走可持续发展之路

目前，期刊界优秀的办刊人才队伍还没有形成，缺少既有专业知识又具有先进管理理念的复合型人才。现有办刊人员大都是原主办单位某

---

① 袁贵仁. 新世纪新阶段高校社科学报的形势和任务 [J]. 北京大学学报：哲学社会科学版，2002(6).

部门的工作人员或某专业的技术专家，缺乏出版方面的专业知识及企业经营管理的能力。有调研发现，江苏期刊在人才方面的一个突出的问题，就是期刊管理人才组织调动频繁，致使期刊的管理和经营缺乏稳定性和一贯性。① 办刊人员尤其是期刊领导人员的频繁变化，在一定程度上影响了期刊的发展。另外，国内学术性期刊往往发行量不大，读者多为学者、从事专业工作的人士，面临着曲高和寡的窘境，这将会成为今后制约其发展的生死攸关的问题。在教育类学术性期刊中，以上现象也较普遍。大家都知道，对于任何一项事业尤其是文化事业，发展是硬道理。现在的关键问题是如何发展，如何在期刊业激烈的竞争中有立足之地。可持续发展应该是期刊顺应时代发展的必然选择。所以，教育类学术性期刊要坚持走可持续发展之路，要克服上述制约期刊发展的因素所带来的消极影响。比如，在以下几个方面有所作为：推进期刊管理体制机制改革，加强办刊人才队伍建设，加强编辑队伍建设，在重视办刊质量的同时加强刊物的征订发行工作，等等。

3. 弘扬与时俱进精神

解放思想，实事求是，与时俱进，改革创新，是教育类学术性期刊保持生机、蓬勃发展的关键所在。不同文化内涵的期刊，其学术价值各不相同。刊物只有与时俱进，办出特色、办出水平，才能产生"品牌效应"，才能满足人民群众对刊物日益提高的精神方面的需求。

（二）教育类学术性期刊的定位与办刊理念

恰当的定位是期刊可持续发展的基础和前提。广义上讲，教育类学术性期刊要为我国的教育事业服务，要为国内外教育学者服务，为一切对教育科学感兴趣、有需要的读者服务。具体而言，一本刊物是要为高

---

① 陆静高. 以现代办刊理念繁荣发展期刊业：做大做强江苏期刊业研究 [J]. 传媒观察，2010（12）.

等教育改革和发展服务还是要为基础教育、职业教育、继续教育改革和发展服务，这就要看刊物具体是针对哪个研究领域来定位。此外，同样是为高等教育改革和发展服务的学术刊物，其读者对象不同，也直接影响其对刊载文章的要求。这涉及刊物对自己的读者对象的定位问题。另外，教育类学术性期刊要秉持"走可持续发展之路"的办刊理念，要办出自己的特色，办出品牌。所谓"特色"，就是要打造别的刊物无法替代的方面，"唯我独有"才是"特"。如此，才能在全国众多的教育类学术性刊物中占有一席之地，成长为学术刊物百花园中的一朵奇葩。

二、教育类学术性期刊的影响因素分析

文化产业是一项特殊的产业，它的价格不能仅以它所呈现在读者面前的产品价格来衡量。① 期刊产业也是如此。对于品牌期刊而言，得到了读者的认同、享有很高的声誉，那就拥有了一座金山，因为期刊的品牌是无价的，它会以几何级数增值。期刊品牌是期刊所拥有的无形资产，因此有没有形成品牌已成为影响期刊可持续发展的重要因素。

（一）影响期刊可持续发展的主要因素

影响期刊可持续发展的因素有很多，从大的方面可以分为两类：内在因素和外在因素。内在因素，即期刊本身的因素，主要指期刊定位、期刊质量、期刊特色等影响期刊可持续发展的关键因素；外在因素，主要指国家期刊管理制度、上级管理部门的经费投入及人才支持等外在影响和制约期刊发展的因素。已有研究对高校学报可持续发展预警机制进行了探索，认为高校学报可持续发展评估指标体系分为两个维度：一个维度是高校学报自身可持续发展程度，另一个维度是高校学报与社会的

---

① 刘芳. 论期刊品牌的创建与维护 [J]. 经济与社会发展, 2007(9).

协调发展程度。① 该研究列举了影响高校学报自身可持续发展的 8 个因素，分别为期刊质量、期刊影响力、编辑素质、编辑队伍建设、管理机制、经济效益、营销模式和办刊条件；探讨了期刊社会效益和外部环境对期刊可持续发展的影响。这些研究结论为探讨期刊的可持续发展提供了有益借鉴。

1. 期刊本身的因素

在特定的政策、经济大环境中，期刊能否可持续发展关键要看期刊定位、期刊质量、期刊特色等刊物本身的一些因素。期刊定位是期刊发展的前提。办一份什么样的刊物、办给哪些人看、刊载什么风格的文章、栏目如何设置、版式如何设计等问题是办刊人首先要明确的问题。因为这些涉及刊物的定位问题，明确的定位会给刊物规划出明晰的发展方向。只有解决了"是什么""向哪里去"等基本问题，接下来才会解决"怎么办"的问题，才会找到有针对性的办法解决办刊过程中遇到的具体问题。

质量是期刊的生命，是期刊发展的基石。没有质量，无以谈发展。粗放式发展已不能满足当前经济社会发展的需要，内涵式发展已成为各行各业走可持续发展之路的必然追求。具体到期刊业，转变发展方式，走内涵式发展之路也是其必然选择。期刊的内涵式发展，包括提升刊物质量、提高期刊影响力、加强编辑队伍建设、提高编辑素质等涉及期刊软实力的方方面面。提升刊物质量，首先，要把好稿件关。没有高质量的稿件，提升刊物质量就会成为无源之水、无米之炊。其次，要把好编辑关。好文章也需要编辑按照编排规范进行深度处理，争取使其观点更鲜明，论证更严谨，文风更符合刊物风格。提高期刊影响力，目前多数刊物极端看中一些评刊的外在指标，比如刊物的转载率、引用率、影响因子、是否为"全国中文核心期刊"或"CSSCI 来源期刊"、是否获得

---

① 陈丽萍. 高校学报可持续发展预警机制研究［J］. 国家教育行政学院学报，2010(6).

过"国家期刊奖"等奖项，而相对忽视或者根本就不重视诸如作者信任度、读者认可度、同行赞许度等隐性指标。期刊的可持续发展，期刊品牌的形成，在很大程度上依赖于作者、读者、同行对期刊的心理认同。因此，提升刊物质量，获得作者、读者对期刊的心理认同是提高期刊影响力的根本途径。

特色是期刊可持续发展的保证。目前，我国期刊种类已突破9000种，即使是以学科划分后的教育类期刊也是林林总总，如何避免同质化是众多刊物面临的现实问题。办出特色，根据自己的办刊历史、办刊风格、地域特点打造"人无我有，人有我特"的特色，是期刊在激烈的竞争中生存和发展的法宝。

除了期刊定位、期刊质量、期刊特色等关键因素影响期刊的可持续发展，诸如编辑队伍建设、管理体制机制、期刊营销模式、办刊条件等源自刊物自身的因素也会影响期刊的可持续发展。

2. 外在因素

影响期刊可持续发展的外在因素，主要指国家期刊管理制度、上级管理部门的经费投入及人才支持等外在影响和制约期刊发展的因素。期刊的发展与国家政治、经济、社会的发展密切相关，学术无国界，但是办刊必须在遵守国家法律法规、遵守国家新闻出版法律法规、准确把握国家出版政策的前提下创新管理体制机制，探索期刊的可持续发展之路。因此，国家法律法规、国家新闻出版法律法规、国家出版政策以及期刊管理制度规制着期刊的发展。在国家法律、出版政策等大的框架下，期刊在上级主管部门的大力支持下寻求创新，找准定位，提升刊物质量，办出特色，才可能走上可持续发展之路。

（二）影响教育类学术性期刊可持续发展的主要因素

从大的方面讲，影响教育类学术性期刊可持续发展的因素也分为内在因素（期刊自身因素）和外在因素（国家期刊管理制度、上级管理部门的经费投入及人才支持等）。但是，与一般期刊相比，影响教育类学术性期刊可持续发展的因素中必须考虑"教育类"学科特性与"学术期刊"的学术特质。

教育是以教育科学理论为基础，以教育现象为对象，以探索教育规律为目的的创造性的认识活动。教育类期刊是服务于我国教育文化事业发展的专业类传播媒体，承担着与其他期刊不同的特殊责任，发挥着特殊的传播功能。国家大计，教育为本。教育事关国家的发展和未来，所以教育类期刊具有鲜明的政治属性和政策导向性。党的十七大作出了"优先发展教育，建设人力资源强国"的战略部署，2010 年 7 月《教育规划纲要》正式颁布，党和国家高度重视教育事业的发展，这为教育类期刊的繁荣发展创造了历史性机遇。教育学作为 13 大学科门类之一，教育类期刊尤其是教育类学术性期刊在其学科建设中起着举足轻重的作用。无论是从学科建设的角度，还是从科学普及的角度来看，教育类学术性期刊的"教育"特性是其可持续发展不可忽视的影响因素。

教育类学术性期刊在传播交流教育科学研究成果、解决教育实践中的热点难点问题等方面起到了重要的推动作用。"学术性"是教育类学术性期刊不容忽视的又一特质。学术性期刊与非学术性期刊其评刊标准不同，一些外在的评价指标影响着学术性期刊的发展。其中，期刊计量指标（被引频次、影响因子、被引率、转载率等）是期刊被业内人士认同的一个重要指标。例如，新近发布的《中国学术期刊综合引证年度报告（2006—2008）》和《中国人民大学书报资料中心"复印报刊资料"学术影响力报告（2003—2007）》数据显示，由中国教育科学研究院主办的《教育研究》杂志的学术影响力近几年持续稳步提升。《中国学术期刊综合引证年度报告（2006—2008）》显示，列入"文化与教育＼教育＼综合研究"统计项目中的《教育研究》杂志，2006 年总被引次数为 3760，影响因子达到 2.570；2007 年和 2008 年，这两项指标分别提高到 4464、2.760 和 5587、2.811。《中国人民大学书报资料中心"复印报刊资料"学术影响力报告（2003—2007）》数据表明，《教育研究》

2003—2007 年被"复印报刊资料"教育学学科全文转载数达到 286 篇，在涉及教育学学科全文被转载的 1013 种期刊中，合计转载量（率）排名第一。《教育研究》的品牌效应凸显，很多高校将《教育研究》列为一类期刊，有些高校把在《教育研究》上发表文章作为评聘高级职称、博士生导师的一个硬性条件，教育领域的研究者也以在《教育研究》上发表文章为荣耀。另外，教育界同行对期刊的评估以及认同程度也决定了其在业内的影响力，读者满意度也在一定程度上反映着期刊的社会影响力。

学术期刊的评价历来是学术界关注的一个重要问题。目前，学术期刊的评价已发展到定量评价和定性评价相结合的新阶段。但是，对于人文社会科学期刊，期刊影响因子等定量评价的重要量化指标，存在使用的泛化和误用[①]，给期刊的可持续发展带来了消极影响。比如，当前"以刊评文"现象严重，"核心期刊"上的论文代表着论文的学术水平或技术身价，所以众多高水平的论文竞相投给"核心期刊"。不在"核心期刊"之列的期刊好稿难求，于是这些期刊开始想方设法进"核心期刊"，评价指标是硬杠，只能在评价指标上想办法，于是有些刊物出现不良甚至是不端行为。以研制、生产引文索引而著称的 Thomson Reuters 公司在一篇论述"维护期刊影响因子指导方针完整性"的文章中指出："期刊影响因子应该在学科内应用，当超出其学科范围，'绝对'的影响因子不能确切反映期刊的情况。"不可否认的是，无论是一般的期刊评价还是核心期刊、来源期刊的评选，对学术期刊的发展都具有显著的导向作用，故应该慎之又慎。[②]

另外，"四大文摘"对教育类学术性期刊的可持续发展也存在显著影响。目前，中国社会科学学术界公认的"四大文摘"是《新华文摘》

①　袁培国. 中文文科期刊影响因子评价作用之反思［J］. 南京大学学报：哲学·人文科学·社会科学，2011(3).

②　王文军. 分学科评价：综合性学术期刊评价的合理路径——以教育部"名刊工程"入选综合性学报为例［J］. 南京大学学报：哲学·人文科学·社会科学，2011(3).

《中国社会科学文摘》《高等学校文科学报文摘》和《人大复印报刊资料（系列）》。①"四大文摘"对学术期刊有着深远的影响，对教育类学术性期刊的可持续发展也具有显著影响。此外转载率、转摘率也是评价期刊的重要量化指标。从实用角度看，被引用率不如"四大文摘"的"摘转率"来得快、看得见、摸得着。于是，有些办刊者、作者将"四大文摘"奉为神明。针对这种现状，有学者指出，文摘期刊要"淡化评价功能"。其实，这不单单是文摘期刊的事，而是学术期刊界、科研管理机构、人才评定单位、文章作者甚至相关评奖部门的事。

总而言之，教育类学术性期刊的可持续发展在考虑"教育类"学科特性与"学术期刊"的学术特质的基础上，既要处理好期刊自身发展的问题，也要处理好与外在制度环境的协调发展。

三、教育类学术性期刊品牌的构建

有人认为，期刊的品牌是指期刊的宗旨和定位、办刊理念、特色风格、创意策划、营销规模、社会地位、公众形象等多方面的抽象和概括。② 构建教育类学术性期刊品牌，我们认为要从以下几个方面入手：树立品牌意识、明确期刊定位、培育期刊特色、培育核心经营理念。

（一）树立品牌意识

拿破仑曾说过，"不想当将军的士兵不是好士兵"。在期刊业竞争日趋激烈、出版体制文化体制改革逐步推进的时代背景下，危机意识、品牌意识是期刊发展立于不败之地的保障。计划经济时代的"等靠要"思想已不能适应市场经济环境中的激烈竞争，期刊界早已没有"铁饭碗""政府行为"一说，期刊不仅仅是一种宣传品，其作为一种商品已被人

① 江泰然. 四大文摘与四类期刊 [N]. 光明日报，2004 - 07 - 08.
② 刘芳. 论期刊品牌的创建与维护 [J]. 经济与社会发展，2007(9).

们接受。既然是一种商品，就要实现其社会价值和经济价值。如何实现？走品牌之路是其应然选择。教育类学术性期刊因其"教育"特性更应树立品牌意识。在办刊过程中，从期刊主编、副主编到一般编辑人员，都要牢牢树立精品意识、品牌意识，在刊物质量上下足工夫，寻求刊物可持续发展之路。构建教育品牌期刊，更好地服务于读者知识更新和学科发展需求，从而更好地实现其社会效益和经济效益。

（二）　明确期刊定位

定位，就是要明确自己的位置。明白自己处于什么位置，才能规划自己的发展方向。因此，期刊定位，是期刊生存、发展的基本点。市场竞争越发激烈，期刊定位就越发显得举足轻重。期刊定位是品牌期刊形成的前提，其内容包括宗旨定位、读者定位、内容定位、风格定位、广告定位、发行定位、价格定位等等。其中，宗旨定位、读者定位直接影响着其他方面的定位。期刊定好位以后，还需要对期刊进行深入的形象策划、内容策划、选题策划、包装策划，达到"人无我有，人有我优"的目的，使期刊脱颖而出。

第一，宗旨定位。期刊出版宗旨是期刊性质、作用和目的的理性概括，其定位直接决定期刊的办刊理念、办刊思路和办刊风格。教育类学术性期刊要坚持正确的政治方向和学术导向，把发展作为第一要务，不断弘扬与时俱进精神，服务于我国教育文化事业繁荣发展。具体到某一刊物，要结合刊物办刊历史、刊物性质确定办刊理念、办刊风格。例如，《教育研究》杂志是改革开放后我国第一份教育理论刊物，对繁荣教育科研、促进教育理论创新、推动教育改革发展作出了重要贡献。以"刊登教育科学论文，评介教育科研成果，传播教育教学经验，宣传教育实验成就，开展教育学术讨论，报道教育研究动态"为办刊宗旨，《教育研究》吸引了教育界大批从事理论研究的作者踊跃投稿，并以在《教育研究》上发表论文为荣。《教育研究》已成为教育类学术性期刊中的品牌期刊。

第二，读者定位。期刊的读者定位是"依据期刊出版宗旨定位对具有某种共性特征的受众对象群体的相对选择"[①]。教育类学术性期刊应把握自己的专业分工，根据读者差异性及其需求的多样性，确定自己的读者群，有针对性地为目标受众服务。同时，还要针对社会上对教育关注的程度提高这一现实情况，研究如何开辟既有鲜明教育特色又能满足社会需求的新领域，逐步形成自己的特色品牌。

（三）培育期刊特色

早在2002年，时任教育部副部长的袁贵仁在全国高校社科学报工作研讨会上的讲话中就指出，高校学报要树立特色化的发展理念，走特色化的发展道路，要根据自己的地方特色、学校特色和科研优势设立专题栏目，走专题化的发展之路。[②] 教育类学术性期刊要培育自身特色，可以从以下四个方面着手。

一是栏目要办出特色。栏目是期刊的主体框架，有人将其比喻为期刊的"窗口""眼睛"，其设置和编排直接影响着期刊的质量。特别是一些重点栏目，如果办出特色和魅力来，将是期刊可再生的无形资产。许多大刊的子刊就是在特色栏目的基础上稍加丰富形成的。

二是内容尽显优势。即期刊内容要扬长避短、彰显特色。这就要求期刊有自己的"拳头"产品。每个单位拥有的出版资源既有共同之处，也有不同特点。要善于开发和挖掘自身的独特优势，有所为有所不为，干最在行和最拿手的，争取"人无我有，人有我优"，形成"拳头"产品，这样才能提高期刊的市场竞争力。

三是形式上独树一帜。确定了期刊的内容特色之后，就要考虑与之相适应的形式和风格。鲜明的外在形象往往给读者留下深刻的印象。这

---

① 崔学兰. 论期刊品牌发展战略的有关问题［J］. 山西财经大学学报：高等教育版，2003（3）.

② 袁贵仁. 新世纪新阶段高校社科学报的形势和任务［J］. 北京大学学报：哲学社会科学版，2002（6）.

就要求刊物在版式的编排包括封面的设计等方面，不断总结经验，在吸收借鉴国内外优秀刊物的长处的基础上进一步创新、求精，形成既利于‘信息传播又能在同类期刊中独树一帜的风格，树立鲜明、稳定的个性，创造品牌形象。①

四是加强质量建设。质量是期刊保持旺盛生命力的根本保障，是显示期刊个性的主体。② 没有过硬的质量，期刊品牌特色就无从谈起。我们认为，教育类学术性期刊在质量建设方面要涵盖四个特性：（1）导向性。教育类学术性期刊要坚持政治导向、学术导向、特色导向。（2）理论性。学术价值是学术性期刊的精髓，理论性、学术性是学术性期刊选稿用稿的基本标准。（3）贴近性。教育类学术性期刊要贴近教育学者、贴近广大师生、贴近教育实际、贴近教育问题。（4）可读性。新闻单位正在开展"走基层、转作风、改文风"活动，教育类学术性期刊也要改变"八股文"的写作模式，尝试运用尽可能鲜活生动的语言，增强可读性，让读者在进行理论研究的同时享受阅读的愉快。

（四）培育核心经营理念

在保证质量的前提下，品牌的多元化、多功能经营就显现出它的威力了。③ 品牌需要长时间的打造、培育、维护和经营。在市场经济环境下，品牌经营已成为提高期刊核心竞争力、发展期刊产业至关重要的措施。创立品牌除了刊物本身的质量过硬以外，重要一环就是要广而告之，让公众对你的期刊产生认知，让公众了解并知道你期刊的存在和它的基本价值，而适当的宣传活动则是在最短的时间内帮助公众了解期刊的一个最佳的认知过程。④ 因此，多元化经营—提升传播力，应成为教育类学术性期刊的核心经营理念。在当今市场竞争日趋激烈的形势下，

---

① 张积玉．社科期刊的特色化之路［J］．中国编辑，2002(6)．
② 张辉．名牌期刊的品牌战略解读［J］．编辑之友，2004(2)．
③ 吴旭．军事期刊要努力构建特色品牌［J］．军事记者，2005(8)．
④ 刘芳．论期刊品牌的创建与维护［J］．经济与社会发展，2007(9)．

"酒香也怕巷子深"，教育类学术性期刊特色品牌的培育同样需要强有力的媒体宣传。围绕期刊作策划宣传时，需要标新立异，采取灵活多变的形式，最大限度地去吸引读者的注意力。还有一个途径，就是扩大刊载文章的传播范围。话语权决定主动权，传播力决定影响力。要广泛运用网络等新媒体手段，把自己刊登的文章通过多种方式传播出去，如通过有影响的数据库、网站、博客、微博等方式，扩大文章的传播范围，提高期刊的社会影响力。

第 **4** 章

教育类期刊运营战略研究

第一节 教育类期刊的发行与推广

据资料显示，目前我国公开出版的教育类期刊有 630 多种，这些教育类期刊在促进我国教育事业的发展过程中发挥着越来越重要的作用，是其他任何媒体和措施无法替代的。在激烈的市场竞争中，教育类期刊面临着巨大的挑战。如何在时代发展的大潮中迎接新的挑战，探索新的生存发展之道，始终是一个值得深入研究的问题。

一、教育类期刊的宣传与推广

根据教育类期刊特点，把握市场规律，整合各种宣传推广方式，是当前教育类期刊打开销路、扩大影响并创造较好的社会效益与经济效益的重要举措。当前广受推崇的是整合营销传播理论。这一理论是美国西北大学著名经济学家唐·舒尔茨（Don E. Schultz）等人于 1993 年提出的，其内涵是："以消费者为核心重新整合企业行为和市场宣传推广方式，综合协调地使用各种传播方式，以统一的目标和统一的形象传递一致的产品信息，实现与消费者的互动沟通。迅速树立品牌在消费者心目中的地位，建立产品品牌与消费者之间长期密切的关系。"在传播媒介日益多元化、电子媒介日益普及对传统报刊带来重大冲击的今天，整合营销传播理论给教育类期刊的宣传与推广带来了新的理念和启示、借鉴。近年来，我们在教育类期刊多元化经营上作了初步探索，也积累了一些经验。

第一，在保障教育类期刊质量第一、树立品牌形象的基础上，积极探索新的宣传与推广模式。一是实行采编、发行、广告的互动，以提升刊物的竞争力；二是实行旨在提升刊物影响力与营销媒体、企业联动的组织策划；三是进一步优化发行成本，完善数字发行网络的构建；四是培养优秀的发行队伍，进一步提升发行队伍对教育类期刊的宣传、推广能力；五是进行新形势下纸介媒体经营环境与发展策略分析；六是进行多元经营策略与人才管理机制创新。

第二，充分运用国家公开出版物可出增刊的政策，做好公开出版的教育类期刊的增刊工作。采取自办主题征文、委托地县教育局征文、与各地教育学会合作征文以及与专业文化教育组织合作征文等方式出版增刊，在保证质量的前提下，扩大经济效益，作为经营创收的渠道之一。

第三，充分发挥教育类期刊已有的品牌影响力，以刊物为依托举办专题论坛，打造有影响力的全国性教育专题论坛，增加创收能力。每期主题从教育部工作重点、教育改革的热点难点等方面选定。举办方式有自办、与地县教育局和高校合办、教育行业产品厂家支持等。通过论坛在目标读者群中宣传推广教育类期刊，树立期刊的品牌形象，同时获取一定的经济效益。

第四，做好与合作单位的年度业务合作，规范管理、整合资源、保障质量、良性互动。在多元发展中找出新的契机和增长点，精心选择合作伙伴，拓展有良好社会效益和经济效益的项目，发挥各自优势，实现资源整合，打造共赢品牌，拓展共同发展空间，促进健康发展。

二、教育类期刊的市场开发

教育类期刊作为教育工作者的交流工具，从期刊种类以及其发挥的重要作用看，已经成为专业媒体的重要成员。随着科学技术的发展，教育类期刊的表现形式和发行渠道日趋多元化。教育类期刊在出版、发行中也开始体现出专业化倾向，出现了专门负责教育类期刊生产经营的期刊社以及专门从事期刊发行的代理公司等等。这种分工客观上促进了教育类期刊的快速发展，实现了大范围的宣传、普及与推广，大大加快了教育类期刊的市场开发步伐，对扩大教育类期刊的社会影响、加快教育领域的学术交流产生了积极的推动作用，同时也获得了一定的经济效益，为教育类期刊的进一步发展打下了较好的经济基础。

教育类期刊作为出版产业的一部分，有精神产品的性质，同时以物质产品的形式出现。既是产品，就需要在读者市场中实现自己的价值。能够占有尽可能多的读者市场，总比只占有小范围市场或无市场更能充分显示其价值，而且市场也不会永远只局限在一定范围，不会发生变化，关键是能否有效去开拓。教育类期刊在坚持社会效益前提下，要大胆解放思想，积极主动参与市场竞争，设法通过自身努力去开拓更大范围的读者市场，使其价值和作用得到充分的实现，能够迅速有效地转化为社会生产力或社会精神财富，同时在期刊市场上赢得自己应有的地位。笔者认为，进一步加大市场开发力度，实现教育类期刊可持续发展，可从以下几个方面着手。

第一，增强服务意识。十多年来，中国教育类期刊得到长足发展，除了自身的不断探索，也得益于政府行业性保护政策带来的"包办"。随着中国文化出版产业领域的逐步放开，教育类期刊迎来了前所未有的机遇，但同时也面临着诸多挑战，如其他行业资本大举介入，其他类型的报刊对教育市场的挤占等。在以往的办刊工作中，教育类期刊常常只注重刊物编辑质量的提高，而对刊物的其他方面着力不多。在当今的市场经济条件下，应该看到教育类期刊除具有传承文明、育人益智等作用外，还兼有宣传、服务等方面的功能。因此，教育类期刊在办刊过程中应不断增强服务意识，加强其服务的针对性。

第二，加强营销队伍。加强营销队伍包括两个方面的内容：一方面是增加人数，扩大范围。教育类期刊推入市场后，各个期刊社都加大了发行的力度，专职、兼职发行人员人数是各部门中最多的，甚至编辑人员也承担了发行任务。这是期刊社发展的需要，也是市场的需要。发行队伍的壮大，应不仅仅局限在期刊社，甚至重点不在期刊社，而要把目光投向市场、投向社会，在各地广建发行网络，增加发行站、发行人员。另一方面是提升素养，提高能力。客观地讲，与全国许多期刊社相比，教育类期刊营销人员的素质是不够高的。目前还没有专门培养期刊营销人才的高校和专业，懂得专业文化知识的人不懂得市场营销，而学了市场营销的又不具备专业的文化知识。所以，培训发行人员，提高其专业素养，应成为中国教育类期刊的当务之急。

第三，扩大发行网络。诸多案例证明，成功的期刊依赖于成熟的发行渠道和发行网络。关于扩大发行网络，笔者建议从三方面来考虑：一是与有经营书刊资质的发行公司合作，由公司负责教育教学期刊的发行，实行教育类期刊发行专业化、物流化；二是利用邮局发行政策上的优势和投递网点的优势，与邮局全面合作，设站办点；三是工作重心下移，聘请专职发行员深入学校，动员学校订阅。

第四，强化营销手段。在强化营销手段方面，笔者认为有三点可以借鉴：其一，充分借助个人关系销售。通过营销人员与客户的密切交流增进友情，强化关系，如利用自己的社会关系帮助顾客解决一些实质性问题等。其二，充分借助单位关系销售。教育类期刊社在主动沟通、互惠互利、承诺信任的关系营销原则的指导下，加强与学校的联系，通过互利交换及共同履行诺言，使有关各方实现各自的目的。这种营销手段的实质是参与各方为了实现自身目标，在赢利的基础上，建立、维持和促进与顾客和其他单位之间的关系，从而形成一种兼顾各方利益的长期关系。其三，充分利用服务手段营销。期刊社派出推销人员运用各种推销手段和技巧，寻找各种机会举办各种专题活动和公益活动进行宣传，塑造良好形象。服务营销具有直接性、即时性的特点，教育类期刊要走向市场，服务营销是必须采用的也是非常适用的一种营销方式。

第五，延揽广告业务。随着市场经济的发展，期刊广告在期刊发展中的地位愈显重要，广告收入正逐渐成为期刊利润的直接来源，关乎期刊的生存和发展。相关资料显示，美国期刊行业发行收入约占期刊总收入的30%，广告收入约占60%；在日本，发行收入约占期刊总收入的40%，广告收入约占50%。与之相比，目前中国期刊行业发行收入所占比例较低，教育类期刊在延揽广告业务上还有很大的发展空间。

三、教育类期刊经营发行网络建设

（一）从教育类期刊的行业特色出发，构建经营发行网络

随着市场经济的发展，教育类期刊不得不面临以下两个现实问题：一方面，教育类期刊自成体系、封闭运行、区域垄断、超量发行的黄金时代已经过去，靠山吃山、靠水吃水的优势正在逐步丧失，"教育局拍板、学校订刊、家长掏钱、学生用刊"的四分离状态即将告别；另一方面，学习与对教育事业的关注仍然是师生不变的初衷，纸质媒体仍然是师生的第一选择。可见，教育类期刊虽失去了往日的诸多优势，但其市场还有很大的发展空间。教育类期刊的首要任务就是创新教育类期刊的发行渠道，扩大期刊的覆盖面，提高读刊用刊的效益。

当前，经营模式单一化是教育期刊发展的瓶颈。对此，可以运用整合营销传播的理念和实践经验，探索新形势下期刊营销的赢利模式。一方面，期刊营销必须把社会效益放在首位，遵守社会公德和商业道德，

坚持教育期刊的教育性、公益性；另一方面，期刊营销还必须遵循价值规律、市场规律。改进市场运作方式，创新教育类期刊发行策略，可以从以下几个方面着眼。

第一，规模经营，实现教育类期刊集群化、系列化、产业化。教育类期刊社要努力适应市场发展的规律，积极面向社会，面向市场，对所属期刊进行整合。这种整合包括出版理念、刊物定位、人力资源、经营发行等各个方面，实行期刊群横向扩张。第二，整合教育服务资源，寻找新的经济增长点。要努力做到平面媒体立体经营，开发媒体关联产业。第三，整合资本资源，实行资本运作。实施期刊跨媒体经营与合作，利用资本纽带，投资新的项目。第四，整合人力资源，集中人力智慧和资本。积极探索股份制经济模式，大力发展职工参股的股份制经济，让职工利益共享、风险共担，并实现收入渠道多元化，增强抗风险的能力。第五，整合管理资源，实施目标管理，提高管理效益。积极推行各部门目标管理责任制，控制运行成本；强化预算管理，压缩管理成本；为适应市场化的需要，进行资源整合，提高工作效率。

（二）充分发挥教育类期刊的通讯联络站功能

作为针对性较强的期刊，教育类期刊的基本作用正是及时、准确、快速地反映国家教育改革发展的大政方针，传播教育管理理念与治校办学成果，搭建教育工作者之间的交流平台，为教师专业化发展提供理论指导与经验借鉴。在帮助教育工作者不断丰富专业性内涵和不断提升专业水平的同时，教育类期刊自身也在进行不断反思并得到了长足发展。不难看出，推进教育事业发展既是教育类期刊办刊的终极目标，也是教育类期刊可持续发展的动力源泉。

期刊作为一种商品，其社会效益和经济效益的实现必须以传播到读者手中为归旨，否则两个效益的实现就成为一句空话。在新形势下，如何做好期刊征订发行工作，实现两个效益可持续发展，是教育类期刊面临的最为严峻的课题之一。教育类期刊要想做到可持续发展，稳步建成自己的发行网络体系是一条重要途径。网络体系建设即设立通讯联络站和发行联系队伍，使通讯联络站真正到县、入校，一方面扩大了发行，同时广大读者的实际需要和迫切要求又可以直接反馈到期刊社，做到读者和期刊社的良性互动。[1]

实践证明，通过这种体系建设不仅稳步扩大了发行，同时，对加强期刊社与广大读者的良性互动，建立编辑、发行、广告、读者服务的立体网络体系也有很大的促进作用。近年来，国家教育行政学院教育管理杂志社不断加强通讯联络站建设，目前已初步建立了较为完善的发行体系。笔者认为，教育管理杂志社通讯联络站建设工作的可取之处体现在以下三个方面。

第一，充分挖掘和发挥国家教育行政学院学员资源，锁定并深入开发目标读者群，通过地、县教育局长建立通讯联络站，发展团体订户。学员是国家教育行政学院刊物征订发行的天然资源，首先，要充分利用学员在院学习期间的机会，重点宣传刊物，让学员对刊物有较为深入的了解，从而争取获得支持；其次，通过扩大访谈、座谈、聚会和编辑及相关人员兼任班主任、班务员等渠道，增进感情、增加认可度，以获得支持。最后，通过有效载体，与学员建立密切的有机联系，目前已通过建立《中小学校长》通讯联络站的方式，开展互助式服务合作，扩大了团体订户。针对非联络站的学员单位，采取电话访谈、节日卡片寄发、出差专访和顺访等形式，进行追踪联系，扩大建站单位数量，有效挖掘团体订户，目前已建通讯联络站130余家。

第二，扩大通讯联络站的资源整合功能，拓展团体订户资源。每年举办一次"《中小学校长》通讯联络站办刊咨询会暨地、县教育局办公室主任联谊会"，深度挖掘教育系统资源，委托联络站所在教育局承办。同时，待时机成熟可考虑成立"《中小学校长》期刊联谊会或理事会"，在此基础上单独成立中国教育学会下属的二级学会"全国中小学校长管

---

[1] 佟笑，刘仁勇. 谈学术期刊的发展经营之道 [J]. 辽宁师专学报，2010(2).

理工作专业委员会";如有难度,可在国家教育行政学院成立的"全国地、县教育行政专业委员会"名下成立"全国中小学校长专业委员会",利用有效的学术组织载体,扩大刊物读者群,提升发行数量,扩大《中小学校长》等基础教育刊物的品牌影响力。

第三,面向市场,拓展多种发行渠道。目前,期刊发行市场竞争和利益分割日趋激烈,地方区域代理发行成为新趋势。首先,作为公开发行的刊物,除了出刊地邮政局面向全国征订外,还可委托其他地方邮政局征订,直接让利地方邮政局,调动其积极性,扩大订户。其次,委托专业组织发行,优化发行成本。杂志社目前的实力、征订发行的季节性以及教育类专业期刊的特征,决定了不可能有一支数量可观的专职发行队伍和广告经营队伍,因为成本较高。所以,让利给专业文化教育公司,"借船出海"是现阶段征订发行和广告经营的重要方式和途径之一。目前,教育管理杂志社已经与北京、广州、西安、天津等数家公司和非邮发单位合作,刊物订数有一定量的增长,下一步拟精心选择合作对象,增强合作有效性,以降低成本。

四、教育类期刊的战略运营

(一) 构建期刊文化,铸造教育类期刊灵魂

教育类期刊是文化传承与发展的重要表现形式与重要载体,反映教育事业发展的前沿动态、教育科学研究的最新成果,探讨教育领域的热点难点问题。教育类期刊的社会责任要求它既要传承民族优秀文化,弘扬先进文化,服务于文化积累和文化传播,又要记录当代教育科学的研究成果,满足社会和大众的精神文化需求,推进教育事业的发展,并做好学术引导和舆论宣传。教育类期刊与其他出版物一样具有经济属性,是一个物质生产过程,但文化属性才是其根本追求。以精彩的内容追求社会效益,引领教育科学研究,才是教育类期刊的核心价值目标。

教育类期刊报道教育方针,传播教育理念,宣传教育典型,巩固教

育成果，交流教育信息，反映读者心声，这既是教育类期刊的任务，又是教育类期刊赖以生存的基础。可以说，教育类期刊是期刊记者、编辑在宣传报道和编辑过程中体现出来的关于教育事业的人文思想、人文精神、价值取向、科学方法、责任意识、社会良知等要素的整合。以服务教育事业发展为主要使命的教育类期刊有着与其他报刊不同的重要历史责任和特殊的传播功能，既具有鲜明的教育科学研究引导性、鲜明的地域特性和鲜明的行业依赖性，同时又蕴涵着丰富的文化内涵。因此，构建教育类期刊文化是提高办刊质量、铸造期刊灵魂的重要举措。

建构教育类期刊文化需从三个方面入手。首先体现在办刊理念上的卓越追求。加强与教育研究部门以及各级各类学校的紧密联系，举办或参与有关的学术论坛与教育研讨会等，积极推进素质教育，着力唱响和谐、公平教育的主旋律，体现正确的人才观和质量观，践行师生共同发展的理念。其次是刊登内容的推陈出新。立足于传播文化的先进性，让先进的教育文化成为刊物的一面旗帜。为教育改革和发展营造良好的舆论环境，为兴教办学推介可供学习借鉴的典范，为师生的成长提供强大的精神动力和智力支持，提供丰富的精神文化产品，引领师生走向明天的成功。最后体现在刊物形式上的焕然一新。专题设计、栏目创新、版面风格、插图运用、封面设计等别具匠心，体现教育类期刊的行业特色。

（二）根据读者需求，形成教育类期刊特色

教育类期刊的经营是带有教育行业特色的文化经营，也是精神产品的经营。精神产品的创造者、编辑者、受用者（读者）之间是相互作用、相互分享的，同时期刊的受众又是一个特殊群体。作为传播知识、创造知识的教师，以及接受知识、不断创新并希望能超越前人的学生，他们的需求、欣赏水平以及对知识、真理的探求，折射在对教育类期刊的期望上，就会高于对一般广普、休闲、娱乐期刊。因此，在教育类期刊的经营上，首先要明确的一点是必须以质量为中心，期刊的对外宣传

以及扩大社会影响都在于期刊质量的提升。因此，教育类期刊的经营活动要围绕服务于提高期刊质量、扩大社会影响、提高公信力来展开，同时运用整合营销传播的理念和策略，从以下几个方面进行整合并创造期刊特色，树立教育类期刊的品牌，实现教育类期刊最大的社会效益和经济效益。

第一，加强采编人员与发行人员的有效沟通。教育类期刊不仅报道教育方针，传播教育理念，宣传教育典型，巩固教育成果，交流教育信息，反映读者心声，还具有对师生的专业引领，对学生的教育引导、教学辅导等功能。每一期刊登的内容不尽相同，因而编辑人员要与发行人员进行沟通，以便发行人员了解、宣传和推荐期刊。要积极营造采编人员与发行人员之间"互信、互助、互通"的氛围，使双方在观念上相互认同。在编辑和发行问题上达成一致，才能共同创造期刊的特色。

第二，加强编辑人员与作者、读者的有效沟通。教育类期刊的主要读者分属不同层面、不同专业的教育工作者和大中小学生。办刊活动主要是编者与作者、编者与读者双向沟通的活动，而这种沟通往往是以对教育的共同关注为情感纽带的。因此，教育类期刊的记者、编辑要经常深入各级各类学校、教育行政部门、教育科研机构，参加各种形式的教育研讨会，寻觅一些有才华、有见地的作者，并主动与他们交朋友，建立不同层面、不同专业的作者网络；同时，要深入读者，调查了解他们的需求与期盼，与广大读者建立长期联系与深厚友谊，共同推动期刊向前发展，使教育类期刊形成自己鲜明的特色。

第三，要注意保持风格特色的连续性。教育类期刊的风格特色是刊物一以贯之、持之以恒的思想与艺术特色的总体构成，是其逐渐成熟、日臻完善的鲜明标志，也是其不懈追求、精益求精创造出来的价值效果。教育类期刊特色的形成需要经过相当长时间的创造性努力，而在形成特色的长期实践过程中，主客观因素都会对它产生影响。客观上，由于形势、政策、环境等外部条件的发展变化，原来的编辑构思需要不断地完善、补充和修正；主观上，由于编辑人员的思想、素质、风格的不同，在编辑工作的实践中，必然或多或少地渗入个人色彩，但只要目标一致，共同努力，必能创造出优秀而有特色的刊物。为此，具有鲜明个性特征的品牌期刊，必须经过长期的考验，必然要长期积累坚持。

（三）彰显期刊有生命力的栏目

期刊的品牌栏目是期刊重要的资源，是长期经营积累的无形资产，是期刊核心竞争力的重要组成部分。在激烈的期刊竞争中，唯有品牌才能体现出独特的个性和品质，彰显出自己的生命力和影响力，从而稳定、巩固并进一步扩大其消费群体，赢得读者的丰厚回报。现代期刊大多已认识到期刊策划对于打造品牌栏目的重要性，而策划活动也逐渐成为期刊工作的重要组成部分。期刊策划是在对期刊市场规律和读者需求进行仔细考察研究后，对期刊的定位、风格、议题设置、版面编排、印刷装帧等各项内容进行周密安排和筹划。按照期刊工作流程来划分，现代期刊的策划工作大致包括形象策划、内容策划、选题策划、版面策划、包装策划和营销策划等几类，其中最为重要的是期刊的选题策划。

选题策划对于教育类期刊有着特别重要的意义，不仅可以树立期刊形象、提高办刊质量，还可以吸引潜在的广告客户，从而增加期刊的广告收入，为期刊运营提供资金保障。教育类期刊的编辑人员在策划选题时需注意以下两点：第一，所策划的选题必须具有典型性、普遍性和重要性。应精心挑选若干选题，邀约专家学者或权威人士对其进行研究论证、发表见解观点；或者先由编辑部在刊物上抛出具有典型意义的议题，请读者畅所欲言，各抒己见，展开争论，在全社会造成一定的影响，扩大期刊的影响和知名度。第二，在注意选题策划的同时，也不能忽视版面策划、包装策划、营销策划以及刊物发展的整体策划。在已明确期刊宗旨和发展目标的情况下，期刊的版面风格、装帧印刷、受众定位、栏目设计等方面的策划要统筹起来，共同丰富品牌内涵，发展建设期刊的品牌栏目，提升期刊知名度。

第二节　教育类期刊的广告经营策略

当前，我国教育类期刊日益注重对期刊广告的利用，广告篇幅在期刊中所占的比例开始增加，广告色彩与精美程度有了很大的提高。广告逐渐成为教育类期刊业重要的经济增长点，期刊的实力增长必须依靠广告的支持，丰厚的广告收入成为教育类期刊发展的支柱，使教育类期刊的发展进入良性循环，这是教育类期刊的市场经营策略。

一、广告宣传与教育类期刊发展

教育类期刊因有着与其他报刊不同的重要历史责任和特殊传播功能而使得其在广告方面具有诸多优势。教育类期刊广告优势具体体现在以下三个方面。其一，就教育类期刊自身来说，其有期刊广告经营优势的共性特点。比如，读者层比较稳定，可限定广告对象；期刊广告印刷质量高，可采用彩色印刷；广告版面的自由度大，阅读率高，能确保广告的有效到达率；期刊易保存，期刊广告也随之具有广告效果的持久性；期刊广告还具有版面的独占性，可避免其他相近信息的污染，从而提高广告效果。此外，期刊广告还具有阅读的重复性和可依赖性等。期刊广告可将同一主题的广告在同一期刊内联系数月刊登，增强广告的效果；依赖期刊的编辑方针对读者的影响，借助期刊的声誉提高广告的声誉，从而增强受众对广告产品或服务的信赖感。其二，教育类期刊具有较强的政策性、指导性和权威性，从而惠及期刊广告的影响力。教育类期刊一般是由各省、自治区、直辖市教育行政部门主管，具有行业特点，因而教育类期刊具有很强的号召力与信任度，而这一权威性特点是很多广告客户梦寐以求的广告媒体特征。其三，教育类期刊市场特点显著。教育类期刊在教育领域初步形成了一门产业，基本占据了全国各地教育市场，拥有广大的读者群，且读者受教育程度较高，职业特征明显，广告针对性阅读率高。而且，教育类期刊形成了自己的发行渠道，有一定的社会影响和较好的经济效益，在全国期刊市场独树一帜。

教育类期刊广告对办刊也具有较大的促进作用。第一，广告有助于增强办刊实力。相比大众刊物，教育类期刊读者面窄、发行量小，难以靠发行收入维持生存。单纯依赖行政事业拨款的路子在市场经济条件下已越走越窄，资金成为制约刊物发展的瓶颈。因此，开展广告业务，传播物化形态、实用信息形态的教育科技成果，是教育类期刊不可或缺的功能，有益于教育类期刊更好地发挥其品牌优势和辐射优势，拓展服务范围，从而扩大影响，提高自身的地位。第二，受众可以从广告中汲取专业信息，增加期刊信息传播量。教育类期刊广告不同于一般的商业广告，其内容与期刊的专业性是相辅相成的。广告中提供的产品、设备、仪器等相关信息，也是教育工作者迫切需要了解的信息，因此广告是一种常换常新的信息源。第三，广告有助于提升期刊的知名度。广告客户在选择刊物刊登广告时，必然会考虑刊物的知名度，反之，有些刊出的广告也会提升刊物的知名度。第四，广告有助于美化刊物。教育类期刊的风格多以严肃、沉稳为主，特别是未刊登广告的教育类期刊，往往显得庄重有余而活泼不足，适当增加一些设计和印刷精美的广告对期刊良好形象的树立有极大的帮助。

二、教育类期刊广告版面策划

近年来，随着市场经济的不断发展，广告经营日益受到科技期刊界的重视。为了生存和发展，越来越多的科技期刊开展了广告版面策划，既增强了科技期刊的信息功能，直接参与经济建设，又为期刊纳入市场经济轨道提供了条件。

笔者认为，教育类期刊广告版面策划要遵循以下三个原则：首先，广告编排要灵活。大量广告虽能为期刊带来丰厚的利润，但过多的广告和广告版面会破坏教育类期刊的整体性，影响阅读效果和学术质量。教育类期刊广告策划人员要尽量使插入的广告与正文在版面及空间上保持和谐，既不打乱正文正常的排版顺序，又不造成混乱的版面效果，避免引起读者的心理厌烦，最大限度地实现广告自身的宣传效果。其次，创意独特、印刷精良的期刊具有强烈的感染力，引发读者的阅读欲望，加深读者对广告的印象。成功的广告创意和设计，可以带给读者美好的情趣享受。因此，必须加强教育类期刊广告和广告版面的创意及设计，研究增强广告信息的艺术表现形式。最后，广告的印刷质量同样至关重要。编辑部应该适当提高广告印刷纸张的档次，对印刷厂家也要有所选择，确保刊出的广告照片图像清晰、色泽饱满，有较强的视觉冲击力。

三、教育类期刊广告主题策划

广告主题策划是指与期刊内容方面相一致的某一专题的广告策划。一个好的广告内容专题策划一定要针对与其相适应的期刊行业现状，全面反映行业存在的问题与行业的发展，通过广告经营者的精心策划，推出其行业中的品牌商品广告，扩大该品牌的社会影响，提升期刊的市场影响力。

笔者认为，教育类期刊在进行广告主题策划时应把握以下三点：首先，教育类期刊要在期刊广告竞争中取胜，必须持之以恒地提高期刊质量。期刊的广告经营活动要以其本身的影响力为依托，有了较高的知名度和可观的发行量，才有"不拉自到"的广告。只有高质量、有特色的期刊，才能拥有稳定的读者群，并在获得发行量稳步增长的同时，促进广告额的同步增长，所以期刊质量高、发行量大和社会影响大，客户就会慕名而来，从而形成良性循环。其次，应注重广告主题策划的连续性。应根据不同季节、不同时期的客户消费需求，逐渐推出相关产品的信息，牢牢把握消费动向，做到有的放矢。最后，广告主题策划一定要有新意，牢牢吸引读者眼球。要有一支专业的广告经营设计队伍，并在广告用语、图片展示、文字排布说明、版面设计等诸多方面下工夫，这样才能使广告栩栩如生。

第三节　教育类期刊的财务运营策略

一、教育类期刊财务安全监控

教育管理杂志社作为事业单位的一个行政部门，财务制度和企业相比既有相似之处，也有差异。事业单位往往极为注重财务上的安全。在这方面，货币资金安全是财务安全最直接的体现，容易被重视。但是，其他方面经常被人们所忽视，并且在这些方面引起的经济损失并不是用货币能够计量的。关于财务会计内部控制管理、财务会计核算人员业务素质等方面需注意以下问题。

（一）财务会计内部控制管理方面的安全监控

1. 财务会计内部控制管理上的安全问题

会计是以货币为计量单位，反映和监督一个单位经济活动的经济管理工作。财务上的安全工作，似乎都是围绕货币展开的，财务安全被人们考虑到的只是现金安全也就不足为怪了。潜在的财务管理工作安全对现金安全的影响很少有人注意到，一旦财务管理上出现安全漏洞，要比现金的丢失更加可怕。因为现金损失可以计量，而因财务管理漏洞方面造成的损失是无法用货币计量的。①

在实际会计工作中，会计基础性工作不规范，教育类期刊单位会计内控就存在着许多弱点，如财务人员工作分工不明确、财务手续不健全、会计和出纳分工不明确、内部管理控制混乱等，特别是基层单位，由于财务人员少，从而造成了上述种种问题。这些问题不仅仅在中国出现过，在欧美发达国家也时有发生。

2. 财务会计内部控制管理方面的安全防范

教育类期刊应当以财务会计内控安全为起点，在加强内控制度学习的基础上，建立符合实际情况的内控制度，加强财务监督管理工作，提高领导、财务和相关人员对内控的重视程度，解决财务内控工作中的实际问题。

（二） 财务会计核算人员业务素质方面的安全监控

1. 财务会计核算人员业务素质上的安全问题

会计制度和准则的相继出台，使会计工作人员在工作中有了处理依据，但是，会计工作人员在处理具体业务工作中对其理解和运用得如何呢？虽然财政部三令五申要求财务人员上岗持有会计从业资格证书，会计主管要具备一定的学历、财务管理水平，以此保证会计队伍的素质，更好地完成会计核算的工作，可是会计人员无证上岗的情况依旧屡屡出现，会计人员在处理相关业务时漏洞百出。此外，也有许多单位因会计人员业务不精，少计成本、虚增利润、多缴税，多计算成本、少纳税等违法现象时有发生，这都会使单位蒙受损失。

① 财务安全不仅仅是"现金"的安全——浅议财务会计工作安全[EB/OL]. [2007 – 02 – 05]. http://www.chinaacc.com/new/429/430/431/2007/2/wa940113164615270025265 – 0. htm.

2. 财务会计核算人员业务素质方面的安全对策

教育类期刊单位在使用会计人员时，要注意其是否具备会计从业资格，并对会计核算人员定期加强业务知识培训以适应会计知识更新的需要。有些教育类期刊单位为了控制成本，平时并不注重对财务人员的知识更新和继续教育，造成财务人员自身知识陈旧并因此给单位带来损失。所以，教育类期刊单位平时对这方面问题要多加注意。

（三）教育类期刊单位和企业财务差异

企业运转时发生的优惠一般分为现金优惠和折扣优惠，其中折扣优惠按照相关准则，按折扣后的金额确认收入。而事业单位因其自身特点，往往按折扣前的金额确认收入，将优惠款费用化。

（四）出版业整体不景气

目前，由于出版业整体不景气，加之 iPad、互联网等新兴媒体对出版业冲击巨大，特别是相对于新兴媒体来说，传统出版业往往还会面临纸张费、印刷费、人力成本方面的压力，而新兴媒体运营成本远低于传统出版业。这些都要求传统出版业在平时多注重成本监控。

二、教育类期刊风险预警机制建设

教育类期刊风险主要是应收账款方面造成的，其原因主要体现在以下四个方面：一是应收账款总额持续不断增加，很容易造成资产负债率升高等负面影响；二是现款回收率低，贴现成本高；三是以物易物相互抵账即会计准则——债务重组，因此造成成本上升效益下滑；四是贴点换钱应运而生。教育类期刊降低应收账款方面的风险可从以下几个方面着手。

（一）确定正确的信用标准

信用标准是教育类期刊单位决定授予客户信用所需的最低标准，也是教育类期刊单位对于可接受风险提供的基本判别标准。信用标准严，可使教育类期刊单位遭受坏账损失减小，但不利于扩大销售。反之，假如信用标准较宽，虽然有利于刺激销售增长，但可能使坏账损失增加，得不偿失。可见，教育类期刊单位应根据出版业的竞争情况、承担风险的程度和客户的信用情况进行权衡，确定合理的信用标准。

（二）采用正确的信用条件

信用条件是指导教育类期刊单位赊销刊物时给予客户延期付款的若干条件，主要包括信用期限、折扣期限和现金折扣等。一般来说，教育类期刊单位确定信用条件时，应当比较提供信用条件的成本与加速收账所带来的收益，假如提供信用条件的成本小于加速收款带来的收益，提供现金折扣就合理，反之，就不合理。

（三）建立恰当的信用额度

信用额度是教育类期刊单位根据其客户的偿付能力给予客户的最大限额，确定恰当的信用额度能够有效地防止因为过度赊销超过客户的实际支付能力而使教育类期刊单位蒙受巨额损失。在市场及客户信用情况调整的情况下，教育类期刊单位应对其进行调整，使其始终保持在自身所能承受的风险范围之内。

（四）制定可行的收账政策

教育类期刊单位对不同时期应收账款的催收方式，包括准备付出的代价，这就是收账政策。制定收账政策时要针对问题进行具体分析，对公司信誉尚可的单位，如是暂时遇到困难而不能及时支付赊销货款的情况，应采取灵活多样的技巧帮助其渡过难关。对有实力支付而近期不愿支付的客户，应要求对方制订还款计划并提供相关担保，确保其能逐步还款，如对方不予配合，为保护教育类期刊单位的利益，应该尽力降低应收账款的风险，必要时运用法律手段维护教育类期刊单位合法权益。

三、教育类期刊可持续发展储备金机制

教育类期刊应该按照国家有关规定建立盈余公积金制度。盈余公积是指教育类期刊单位按照规定从净利润中提取的各种积累资金。一般盈余公积分为两种：一是法定盈余公积。法定盈余公积按照税后利润的10%提取，法定盈余公积累计额已达注册资本的50%时可以不再提取。二是任意盈余公积。任意盈余公积主要是教育类期刊单位按照上级主管单位的决议提取。法定盈余公积和任意盈余公积的区别就在于其各自计提的依据不同。前者以国家的法律或行政规章为依据提取，后者则由杂志社自行决定提取。[①]

关于盈余公积的用途主要有如下两种：

（一）用于弥补亏损

教育类期刊单位发生亏损时，应自行弥补。弥补亏损的渠道主要有三条：一是用以后年度税前利润弥补。按照现行制度规定，发生亏损时，可以用以后五年内实现的税前利润弥补，即税前利润弥补亏损的期间为五年。二是用以后年度税后利润弥补。教育类期刊单位发生的亏损经过五年期间未弥补足额的，尚未弥补的亏损应用所得税后的利润弥补。三是以盈余公积弥补亏损。企业以提取的盈余公积弥补亏损时，应当由教育类期刊单位提议，并经上级主管单位批准。

---

① 新准则下盈余公积实务处理［EB/OL］.［2009－11－05］. http://www.chinaacc.com/new/635_655_/2009_11_5_le0226648411511900225668.shtml.

（二）转增资本

企业将盈余公积转增资本时，必须经上级主管单位决议批准。在实际将盈余公积转增资本时，要按股东原有持股比例结转。盈余公积转增资本时，转增后留存的盈余公积的数额不得少于注册资本的25%。①

第四节　教育类期刊生产环节的质量监管

一、编排环节的质量监管

质量是期刊的生命，教育类期刊的质量不仅包括刊登的文章要体现教书育人的先进理念，而且也体现在排版规范、印刷清晰精美等方面。一份高质量的期刊是内容与呈现方式的高度统一。对教育类期刊的编排工作进行标准化、规范化监管，也是新闻出版现代化的需要。期刊编排质量的高低主要取决于编辑人员品格、智力和能力等方面的素质。要做好教育期刊的编排工作，不但要有新闻出版专业知识，而且还要懂得教育专业知识。选题是否精确，组织是否得当，审稿能力的高低，校对是否认真细致，装帧设计是否精美以及印刷是否整齐、美观等等，都能体现出教育类期刊的质量高低。由此可见，对教育类期刊进行质量监管，就要对编辑、出版全过程进行综合监控。

一般来说，期刊编排通常包含期刊的刊名、目录、摘要、关键词、参考文献、年度索引、版权标识、转页和版面利用。

刊名是识别期刊的关键标志，直接反映期刊性质和读者导向。有国

---

① 《公司法》第177条规定。

际标准连续出版物号（ISSN）的期刊刊名要排印中文和英文，有国内统一连续出版物号（CN）的期刊和内刊刊名要有中文加汉语拼音，这样便于传递与交流。①

依据期刊的定位和受众的不同，目录可以选择纯中文、中文加英文以及纯英文等方式。摘要和关键词，按国内外学术期刊惯例，重要文章应附摘要和关键词，以便读者节省时间，也为其他报刊转引提供方便。稿件正文前要附论文中文摘要（200 字左右）、关键词（3—5 个）、作者简介（包括作者的姓名、出生年月、性别、民族、籍贯、工作单位、学位、职称、研究方向等基本内容）。如果所投稿件是作者承担的科研基金项目，还要注明项目名称和项目编号。

参考文献是指论文引用、参考的文献资料，包括引文出处和观点出处，以尾注形式出现，按在正文中出现的先后次序在正文后面依次罗列出来，序号左顶格，用数字加方括号标注出来，如［1］、［2］、［3］、［4］等等，并与正文中的指示序号格式相统一。

长期以来，我国非常重视报刊编排的标准化、规范化问题，制定并出台过许多与之相关的标准性文件，如《中国图书馆图书分类法》《文后参考文献著录规则（GB/T7714—2005）》《中国高等学校社会科学学报编排规范》等。教育类期刊所刊登的文章，要严格按照国家的相关规定，做到摘要、关键词、中图分类号、文献标识码、作者简介、表格和插图、参考文献、注释、引文、章节层次标码等必备要素齐全，而且规范。如果作者在投稿之前，对自己的稿件作初步的规范，把必要的检索项标注出来，就会使文章便于编辑整理，并得以顺利发表。

我们结合《中国高等学校社会科学学报编排规范》《中国学术期刊（光盘版）检索与评价数据规范》中对教育类期刊编排标准化、规范化的相应规定，针对日常来稿中存在的行文不规范问题，归纳出期刊编辑、排版人员在修改文章以及在对其进行规范化处理时，要注意的十个

---

①　邢志强. 全国部分教育期刊编排情况调查分析［J］. 教育理论与实践，1997（1）.

基本问题。

第一，教育类期刊所载论文中摘要的规范化问题。对于论文摘要的认识很多人都很模糊，初学写作的作者往往将摘要和提要混为一谈。从字面上理解，摘要主要有两层意思：一是"摘录要点"，二是"摘录下来的要点"。教育类期刊所载论文中的摘要，通常用的是第二层意思，指的就是论文摘要。

就论文摘要的写作规范来说，首先摘要应能客观地反映教育类期刊所载论文的主要内容，它具有一定的独立性，是文章内容的精华。这样就有利于读者迅速对文章有一个大致的了解。教育类期刊编辑在整理作者的论文摘要时应注意两个基本问题：一方面是摘要的字数不宜过多，一般以 200 字左右为宜，最多不要超过 300 字，不然就成了一篇小论文了。因此，摘要一定要具有简明扼要的特点。另一方面要避免出现"本文从几个方面论述了什么问题"的字样，关键是要用简明流畅的语言突出文章的重点。

第二，教育类期刊所载论文中关键词的规范化问题。教育类期刊所载的学术论文中的关键词，又称主题词，是指那些出现在论文题目、摘要或正文中，对于表达论文中心内容具有实质性意义的词。关键词应当是名词或者名词词组，也可以是各门学科的专业术语，具有检索价值和意义。我们不能随意确定关键词，它有一定的依据和规定。教育类期刊编辑应根据《汉语主题词表》的有关规定，对照作者是否按规定标出了关键词，书写形式是否与词表中的书写形式一致，并为作者把好这方面的关。编辑们在审定关键词时，要深入地对论文进行分析，要做到关键词为主题服务，要能最大限度地突出文章的中心思想，并且方便各类检索机构进行论文检索与归类。根据我国的有关规定以及国际上的通行惯例，手检系统平均标引关键词 2—5 个，机检系统平均标引关键词 4—10个。《中国高等学校社会科学学报编排规范》则要求每篇论文应标引关键词 3—8 个。

第三，教育类期刊应用中图分类号的规范化问题。中图分类法，是由汉语拼音字母和阿拉伯数字相结合的混合分类法，是按照一定的思想观点，以科学分类为基础，结合图书资料的内容和特点，进行分门别类。教育类期刊编辑在审稿时，要考虑到论文公开发表的基本要求，遵循图书分类法的基本原则，仔细核对论文的中图分类号。我们根据国家的有关规定，将中图分类号简单地归纳如下。

有关马克思、恩格斯、列宁、斯大林、毛泽东等伟人对教育的论述，其论文分类号为 A；教育哲学类论文分类号为 B；社会科学总论分类号为 C；教育政治、教育法律论文分类号为 D；军事教育类论文分类号为 E；教育经济论文分类号为 F；文化、科学、教育（此处指教育学科分类）、体育类论文分类号为 G；关于语言、文字的论文分类号为 H；文学类文章分类号为 I；艺术类论文分类号为 J；历史、地理类论文分类号为 L；自然科学总论类论文分类号为 N；数理科学和化学类论文分类号为 O；天文学、地球科学类论文分类号为 P；生物科学论文分类号为 Q；医药、卫生论文分类号为 R；农业科学论文分类号为 S；工业技术论文分类号为 T；交通运输论文分类号为 U；航天、航空类论文分类号为 V；环境科学论文分类号为 X；综合性论文分类号为 Z。

以上我们简单介绍了教育类学术论文，以及相关学科领域的学术论文的分类方法。作者以及教育类期刊编排人员在对拟刊登的文章进行规范化处理的时候，可以查阅《中国图书馆图书分类法》，以确定文章正确的中图分类号。

第四，教育类期刊文献标识码的规范化问题。教育类期刊的文献标识，通常采用国际上通行的标准，用 A、B、C、D、E 五个英文大写字母进行标识。字母 A 代表理论与应用研究学术论文（包括学术报告）；字母 B 代表实用性技术成果报告（科技）；字母 C 代表业务指导与技术管理性文章（包括领导讲话、特约评论等）；字母 D 代表一般动态性信息（通讯报道、会议活动、专访等）；字母 E 代表文件、资料，包括历史资料、统计资料、机构、人物、书刊、知识介绍等。文献标识一般排在图书分类号后，用"文献标识码："并加上文献类别标识等字样。

在编辑文章的过程中，我们发现作者们很少为自己的文章加上文献标识码，这样会给检索机构的工作带来一定的困难。所以，编辑、排版人员在对拟发表的文章进行规范化处理的时候，一定要添加文献标识码，以便其他刊物转引以及国际国内大型的检索评价机构对教育类期刊进行公平、公正的评价。

第五，教育类期刊所载论文中作者简介的规范化问题。教育类期刊编辑、校对人员对拟刊登的论文进行编辑、排版的时候，一定要注意核对作者的署名是否正确，并且正确地排在文章题目下面的正中央；同时用圆括号注出作者的单位、所在地和所在地的邮政编码等重要信息。如果有两位作者以上，还要附加上作者注，对第一和第二作者作出必要的注释。通常，教育类期刊还要求作者根据有关规定，以不同的字体在论文篇首页地脚写出作者简介，注明作者的出生年龄、性别、民族、单位、职称和研究方向，如果有不止一个作者，就一定要对第一作者和第二作者的基本情况作出简单的介绍。

第六，教育类期刊登载论文中的表格和插图规范化问题。作为教育类期刊的编辑、排版人员，我们经常在来稿中发现，表格和插图多种多样、五花八门，这一问题处理起来让人觉得比较麻烦。为方便排版，作者在手绘表格和插图的时候，一定要使用标准的制图工具和方法，用碳素墨水绘制在硫酸纸上，并且保持纸张的平整和图案的清晰。在计算机技术日益普及的今天，作者们越来越多地使用计算机技术来制作表格和插图，所以教育类期刊的表格和插图，原则上已经只接受电子版本。

出于工作的需要，同时也是为了方便广大作者，我们对制作表格和插图的基本标准作一简单介绍。首先，对表格的主要类型进行分类。表格主要有卡线表、三线表、无线表和系统表等类型。其次，关于表格的设计介绍。作者在对表格进行设计的时候，一定要做到简洁、明了，而且要具有一定的典型性。这样，才能有力地说明问题以及有存在于文章中的充分理由。再次，关于插图的分类问题。在这里我们只能对插图的几种主要代表性图形进行分类，如函数图、示意图、线描图、地图、框图、照片、图版图、布置图、记录图等等，仅供作者及期刊工作人员参考。最后，关于插图的设计问题。插图设计，要做到能够把文字和表格难以表达清楚的问题，准确地展现出来，让读者一目了然。作者对插图如果运用得较好，可以起到美化版面、提高表述效果的作用。作者设计出的插图一定要达到尺寸大小适宜、能够缩放等效果。

第七，教育类期刊登载论文的参考文献规范化问题。我们在对作者的来稿进行编辑、排版时，发现作者的文章往往洋洋洒洒几千言，内容和形式还说得过去，但是却没有注明任何参考文献和引用资料。编辑们在处理这类稿件时，有点为难。若不采用文章，弃之可惜，觉得对不起作者；若采用文章，其中明显引用了别人的观点和成果，但是作者没有在参考文献中标注出来，文章一旦发表，可能会出现版权问题，并且带来一定的负面影响。所以，不得不与作者进行反复沟通与联系，这样就延长了文章发表的时间，也增加了编辑、排版人员的工作量。

参考文献是指作者在创作的过程中引用的有关图书资料，其作用在论文中不可或缺。它的作用表现在三个方面：一是成果归属的区分，标注出引用的文献，便于读者分清哪些成果是作者的，哪些是他人的，同时也体现出作者尊重先行者的劳动成果；二是把查找原著的线索提供给读者，读者可以按参考文献提供的线索，很快找到作者和论著的原文；三是为科学研究提供线索和依据，标注参考文献是作者严谨的研究作风的体现，也使读者确信文章内容。

第八，教育类期刊所载论文中的注释规范化问题。注释是作者对文章所涉及的内容，进行更加详细的说明。它所起的作用有三方面：一是介绍作者创作论文的背景；二是说明引用内容的出处、来源等依据；三是作者对文中疑难词语、理论、句子等内容进行说明与解释。在这里，我们针对教育类期刊的特点，着重介绍引用内容出处的标注方法。

作者对引用其他文献资料所作的说明就是注释，标注的具体内容应包括：作者、篇名、出版年、页码。根据有关规定，通常学术性论文中的注释又分为三类，即文内注、页末注、文末注。其一，文内注释。为了表现出与正文有所区别，往往要求作者在行文中加注释，并用"（ ）"注明其出处。文中对某些词语的注释，紧贴被注释的词语之后，往往被称为夹注；放在句末标点之后的夹注，是对整个句子的注释。其二，页末注释。要求被注释的词语、术语、句子的右上角加上相应的标识符号"○"或"［ ］"，其中加阿拉伯数字依次排序，而且注释的文字不出现在行文之中，而是集中在当页地脚处，用小号字排印，并用10字长正线与正文相隔。其三，文末注释。顾名思义，把整篇文章的注释集中在文章的最后，并依次列出就是文末注释。其注释号也是从"①"或"［1］"依次排开。

第九，教育类期刊所载论文的引文规范化问题。教育类期刊所登载的文章对引文有严格的规定，引文分为直引和意引，是指作者在写作中由于论述的需要而引用其他书籍、文章或文件上的语句或段落等有实质性含义的内容。发表在教育类期刊上的论文，对引文应注意以下几个问题：一是根据引文的分类，直引又分为行内直引和脱行直引文献资料。行内直引，要求引用的文字紧随作者所写文字之后，做到不断行排列，而且作者要把引文部分加引号，并注明引文出自何处；把引文独立成一段就是人们所说的脱行直引，在通常情况下，可以不加引号，并用区别于正文的字体和字号区分出来。二是引文如果有需要省略的部分，一定要保留省略号之前的标点符号。三是意引时，标点符号在前，注释号在后。

第十，教育类期刊所载论文中章节层次标码的规范化问题。教育类期刊要紧跟国际潮流，按照国际上通行的标准，对文章编排形式进行规范化处理。目前，国际上正在推广一种新的标题层次编号，我国也已经把这一具有特色的新编号法列入《标准化工作导则——标准编写基本规则》。

新的标准层次编号法，是把第一层次的单元称为"章"，以下层次统称为"条"。所有章和条的序号均采用阿拉伯数字编号，每两个数字（层次）之间用下圆点隔开，最末数字后面不加标点。例如：第一级标

准是"1；2；3；4"，第二级就是"1.1；2.1；3.1；4.1"，第三级就是
"1.1.1；2.1.1；3.1.1；4.1.1"，以此类推，形成一个完善的层次结构
体系。超过四个层次的文章，可以单独编层次号码，并用"（1）；（2）；
（3）；（4）"或者"a；b；c；d"，也可以用汉字"一、；二、；三、；
四、""（一）；（二）；（三）；（四）"或者"1.；2.；3.；4."。总而言
之，作者在写作以及编辑在修改文章时，应该做到层次清晰，让读者对
章节层次一目了然。

对作者的稿件进行标准化、规范化处理，是提高刊物的质量，增加
刊物的引用率和转载率，扩大刊物的宣传和影响，增强刊物的竞争力的
重要手段。以上，是我们结合教育类期刊的特色与要求，对文章编排标
准化、规范化的有关规定及具体处理方法所进行的简单介绍，供编辑和
录入排版人员参考。

二、印刷质量监管

教育类期刊的质量还表现在清晰高品质的印刷、精美的装帧。加强
全过程质量管理，从原稿整理、装帧设计、材料供应、印前处理、印
刷、印后加工、检验、储运到发行及发行后服务等，每一个环节都要加
强质量管理。因此，选择机器设备好、工艺水平高、职工认真负责、具
有印刷行业从业资格的大型印刷企业来承担教育类期刊的印制是非常必
要的，承印单位也必须保证印制的产品质量符合国家的质量标准，并加
强对关键工序的质量监控。

在印刷、制作教育类期刊的过程中，还应该明确几个重要的法律权
利与责任关系。期刊出版单位法定代表人为本单位印制质量管理工作第
一责任人，对期刊印制质量负全责。期刊出版单位分管质量工作负责人
和质量管理部门负责人为直接责任人，对期刊印制质量负直接责任。期
刊出版单位必须建立健全期刊印制质量管理机制，制定印制质量管理制
度。必须与承印企业签订印制质量合同，完成所规定的质量指标。发印

前必须开具《期刊印刷委托书》，并报省级新闻出版行政管理部门备案。期刊出版单位发稿时，应做到"齐、清、定"，必须在《委印施工单》或合同中注明各项符合国家相关质量标准的质量要求。期刊出版单位在期刊的整体设计方面应符合国家有关技术标准和规定。在版面的设计、规格、字体、颜色等方面应充分考虑印装过程的合理性和最终的阅读使用效果，为印刷工作和提高产品印装质量提供必要条件。而承印单位在工艺设计上，则应根据纸张厚度、印张等具体情况采用精装、平装、胶订或骑马订的装订方式；提供的纸张等原材料必须符合产品工艺及质量要求，确保、期刊印制质量和生产周期。期刊出版单位应加强同印刷企业和发行单位的联系，对期刊印制质量工作实行经常性的检查监督，发现其质量有问题时，应立即采取有效措施，及时予以纠正，并追究有关责任人的责任。①

　　教育类期刊的印刷质量监管实质是对印刷产品的质量进行检查和检测。要按照期刊成品设计、原辅材料、加工工艺、产品外观、牢固程度等标准进行评估。因此，教育类期刊印制、出版、发行单位必须严格执行国家的有关规定：一是不合格的原辅材料、半成品不得投入生产；二是不合格的期刊印刷产品不得出厂和销售；三是要加快采用国际标准和国外先进标准的步伐，认真贯彻《质量管理和质量保证》系列国家标准，积极制定用于内部出版、印刷控制的质量标准，并严格按质量标准印刷，按质量标准检测。

　　教育类期刊印刷质量关键工序的监控，主要表现在以下几个方面。

　　第一，阶调复制监控。印刷品的阶调是指图像的深浅变化规律或图像的密度差别规律。一般来说，印刷适性越好，密度范围越大，阶调复制越好，反之则越差。影响阶调复制的因素很多。例如，原稿的阶调值，制作底片和印版时的工艺条件，印刷纸张、油墨、印刷机及其印刷

① 新闻出版总署科技发展司. 书刊印制常用标准及规范 [M]. 北京：中国标准出版社，2003：9.

工艺条件等都会对阶调复制产生影响。

第二，印刷品的层次监控。印刷品的层次，指在可能复制的密度范围内，眼睛可以识别的亮度级数。影响层次和清晰度的因素主要有：一是原稿的质量，原稿层次好、清晰度高，才能得到层次丰富、清晰度好的印刷品；二是分色的质量及尺寸的准确性；三是拼版尺寸的准确性；四是拷贝尺寸的准确性；五是晒版的质量及尺寸的准确性；六是印刷适性；七是印刷过程中的套准精度；八是网点增大值；九是相对反差值；等等。

第三，颜色复制监控。颜色复制应实现灰平衡，即原稿上中性灰的颜色，复制之后仍还原为中性灰，只有达到中性灰复制，才能保证印刷过程中各原色之间的平衡关系不被破坏，不出现色偏。影响颜色复制好坏的因素有四个：一是原稿质量；二是分色质量；三是网点增大值；四是印刷油墨的质量。

第四，外观质量监控。是指对印刷品的外观特征进行监控。如印刷品上的墨点、白斑、糊版、划伤、蹭脏、图像位置、尺寸误差、接版色调是否一致等。

三、装订质量监管

教育类期刊与其他期刊一样，只要装订质量没有保障，便不能称为高质量的期刊。可见，装订质量直接影响并决定教育类期刊的最终效果。

期刊具有固定名称，是用卷、期或者年、季、月顺序编号，按照一定周期出版的成册连续出版物。期刊装订成册的目的是便于管理和利用，为读者提供最集中、最广泛的阅读资料，使读者能在最短时间内获取最多信息，使其利用程度达到最大化。教育类期刊的装订是一项时间长又比较烦琐的事，需要认真、细致而且负责的态度。对于教育类期刊来说，其质量的优劣高下与装订质量有着密不可分的直接关系。具体来说，要重视装订环节，讲究科学性，使用质优、适宜的装订材料，加大设备投入，改善生产环境。

第一，要提高教育类期刊的装订质量，首先要提高承印单位的印刷工人的质量意识。要求工人树立质量是企业和教育类期刊发展的第一生命的意识，让他们认识到，市场竞争实际上是质量的竞争，我们只有不断提高产品质量，才能提高企业的知名度和美誉度，从而建立起互相信任的长期合作关系。教育类期刊承印单位的领导要对员工不断进行质量意识教育和质量法规考核，使广大员工自觉遵守质量法律、法规，只有工人的质量意识提高了，才能生产出高质量的产品。

第二，要提高教育类期刊的装订质量，还要不断改进装订工艺。承印企业要严格按照质量标准进行规范化操作与管理，对各道装订工序要严格把关。这需要从印刷的前期工作抓起，如打字、拼版、晒版，直至印制，各道工序在工艺流程处理方面，都必须严格把住质量关，做到印件的版芯、页码都准确无误之后，再进入装订车间施工。这样，就为接下来的装订工作打下了比较好的基础。

第三，提高教育类期刊的装订质量，还要求承印企业必须对每一个工种、每一道工序都严格按相应的质量标准来进行操作，并进行分类装订。精装、平装、骑马订、胶订等不同的装订方式，都要把好刊物折页的第一关，如果第一道工序没有把好关，就会影响到以下的几道工序，很难保证装订出精美的教育类期刊。对于折页以后的各道工序，同样不能有不合标准的半成品流入下道工序，否则就会影响到教育类期刊的质量与美观。因此，教育类期刊的装订是要求高、技术性强的工艺复杂工作，要保证期刊的装订质量，必须在工艺上狠下工夫。

四、邮寄效率监控

刊物及时、准确送达订户手中是教育类期刊发行工作非常重要的环节。通常情况下，是通过与邮局的合作共同完成这项工作，因为邮局在物流方面有着明显优势。首先，邮局有着良好的信誉，对刊物及订户资料都进行有效保护。其次，网点齐备，在全国范围内任何地址都可以到达；邮局实行的全品种投递，可以满足期刊社不同的需求。最后，投递的专业性，现在的邮局在刊物的分装、储存、派送等方面都有着明确的分工，可以快速有效地处理大宗邮件。为此，我们在合作单位上需要优先考虑与有专业分装队伍、独立库房的区域内大型邮局进行合作。

教育类期刊社在选定合作伙伴后，单位之间需要积极配合，针对期刊社及邮局的相关特点制订出相应的工作流程。目前我们通常采用的是期刊社提供邮寄名单、地址，由邮局进行分装、投递的合作模式。因此，期刊社与邮局之间既要密切配合，又要有明确的分工。一是期刊社每月应在刊物送达邮局之前整理出当月最新版的邮寄名单、地址，按照本地、外埠投递数量从少到多的格式进行排版，把每种刊物的邮寄名单单独、安全地交至邮局，以方便邮局在刊物投递之前做好相关的准备工作。同时也方便双方对每月的邮寄名单进行对比分析，总结期刊社每月的订户动态变化情况，为期刊社其他工作提供参考。二是刊物到达邮局后，协助邮局快速准确地按照事先确定好的名单进行分装、投递。三是刊物送达订户手中后，要通过电话进行抽样追踪调查，了解客户对本期刊物的反馈，掌握刊物的到达率，对不能及时到达的要分析原因，并确定补救性措施。

在邮递安全问题上，除了上述的全程参与合作、电话追踪回访外，我们还应对期刊社不同类型、不同数量的邮件进行区分对待，按照不同的投递方式进行邮寄。例如，对于票据类邮件一般采用挂号方式，对于不同数量的邮件可按照平刷、挂刷、物流等方式进行不同类型投递。利用邮局邮件查询网站，追踪具体邮件投递全过程，保证投递安全。对于问题较多的地区进行持续追踪调查，找出问题所在，并进行相应调整，杜绝此类问题的再次发生。

总之，在教育类期刊投递环节，我们通过选择有实力的投递单位、制订相关合作流程、全程合作与效率监控来完善客户服务，以保证在整个投递环节上做到安全、快速、准确，为客户提供贴心、放心的服务，为教育类期刊质量提高把好最后一道关。

第 **5** 章

教育类期刊发展的法律基础

法律对社会活动和社会秩序起着制约、规范、保障的作用。目前，我国社会主义法律体系已基本形成并逐步完善，在期刊出版方面也相继出台了一系列较为详细的法律与政策规定。这些法律政策的出台，有效地促进了期刊的健康、有序发展，对于期刊出版运营而言，既是必要的规范，更是可靠的保障。因此，加强法律意识，夯实法律基础，实施依法办刊，是期刊工作者办好教育类期刊的先决条件。本章结合办刊实际，从教育类期刊的办刊活动、教育类期刊的运营活动以及教育类期刊的选题策划活动三个方面，对相关法律政策进行了全面梳理和深入阐释、领会，以更好地指导办刊工作。

第一节　教育类期刊办刊与相关政策法律

创办和经营教育类期刊是发展教育学科的最基本形式之一，它为展示教育学术、学科建设提供了重要平台，也为促进教育学术、学科快速提升提供了重要载体。教育类期刊的重要地位和作用决定了其主办单位必须依法经营、管理，承担法律责任与义务，这既是办好教育类期刊的重要保障之一，也是出版行业必须遵守的法则。目前，我国暂未出台专门针对教育类期刊的相关政策法律，现有的有关新闻出版的政策法律均适用于本研究。

一、有关著作权的法律阐释

随着市场经济步入依法运行的时代，明确教育类期刊的经营职责、权利显得尤为重要。教育类期刊是汇编作品，其著作权受到《中华人民共和国著作权法》(简称《著作权法》) 和《中华人民共和国著作权法实施条例》（简称《著作权法实施条例》）的保护。由于教育类期刊是在汇编他人作品基础上产生，其著作权归期刊社或编辑部所有，但是教育类期刊论文著作权为作者所有。所以作为出版者，期刊社或编辑部应处理好与作者的权利归属关系。

（一）期刊社（编辑部）只获得印刷版作品的发表权、出版权许可

《著作权法实施条例》第二十三条规定："使用他人作品应当同著作权人订立许可使用合同，许可使用的权利是专有使用权的，应当采取书面形式，但是报社、期刊社刊登作品除外。"根据上述规定，作者投稿被期刊社或编辑部采用后，期刊社或编辑部只获得印刷版作品的发表权、出版权许可，并未表明期刊社或编辑部在接受作者投稿后可以自动获得印刷版作品的发表权、出版权以外的其他权利，所以为了真正获得其他权利，避免侵犯作者权益，引起著作权纠纷，建议与作者签订许可使用合同。

（二）汇编、改编、翻译、注释、整理他人作品，不得侵犯原作者著作权

《著作权法》第十二条规定："改编、翻译、注释、整理已有作品而产生的作品，其著作权由改编、翻译、注释、整理人享有，但行使著作权时不得侵犯原作品的著作权。"第十四条规定："汇编若干作品、作品的片段或者不构成作品的数据或者其他材料，对其内容的选择或者编排体现独创性的作品，为汇编作品，其著作权由汇编人享有，但行使著作权时，不得侵犯原作品的著作权。"第三十四条规定："出版改编、翻译、注释、整理、汇编已有作品而产生的作品，应当取得改编、翻译、注释、整理、汇编作品的著作权人和原作品的著作权人许可，并支付报酬。"因此，期刊社或编辑部在汇编、改编、翻译、注释、整理他人作品时，须依据上述规定，取得原作品的著作权人的财产权许可使用或转让后，方可对其作品进行汇编、加工和其他宣传事宜。

（三）当汇编作品载体变化时，应取得原作品作者财产权的许可使用或转让

关于作品数字化复制权和信息网络传播权，《著作权法》有明确规定：期刊社或编辑部未经原作品作者许可或转让，不得将作者印刷版作品上网，否则侵权；另外，电子版期刊可以随印刷版发行，也可单独发行。这样，即使出版社对作品发表内容未加改动，只是在发表载体上有所变化，也应取得原作品作者的授权。

关于网络环境下的著作权纠纷，我国已经有了明确的规定。2004 年 1 月 2 日，最高人民法院公布的《关于审理涉及计算机网络著作权纠纷案件适用法律若干问题的解释》（简称《解释》）规定："受著作权法保护的作品，包括著作权法第三条规定的各类作品的数字化形式。在网络环境下无法归于著作权法第三条列举的作品范围，但在文学、艺术和科学领域内具

有独创性并能以某种有形形式复制的其他智力创作成果，人民法院应当予以保护。"《解释》明确了对网络作品著作权纠纷案件的管辖范围，为在网络环境下保护公民的合法权益、保证良好的网络秩序、解决网络纠纷提供了法律依据。

（四）期刊社（编辑部）对期刊版式享有独占权，任何人不得侵犯

《著作权法》第三十五条规定："出版者有权许可或者禁止他人使用其出版的图书、期刊的版式设计。前款规定的权利的保护期为十年……"《著作权法实施条例》第二十六条规定，"著作权法和本条例所称与著作权有关的权益，是指出版者对其出版的图书和期刊的版式设计享有的权利"。依据上述规定，期刊社或编辑部对期刊版式享有独占权，任何人不得侵犯。

二、有关编辑出版的法律阐释

随着我国加入 WTO，面对实力强大的国际出版集团的竞争，国内期刊要想在此严峻形势下站住脚跟，必须提高期刊编辑人员的法律责任意识，以迎接新挑战。同时，随着现代信息技术的发展，教育类期刊作为知识创新体系的重要组成部分，对促进科技交流、繁荣科技事业，发挥着日益重要的作用。教育类期刊是传播社会主义物质文明和精神文明成果的重要阵地，是宣传党和国家教育方针、政策，传播教育信息，交流办学思想，促进教育事业发展的主要平台及舆论工具。因而，教育类期刊编辑必须树立对党和国家及人民负责、维护本刊权益的法律责任意识，严格遵守《著作权法》《出版管理条例》等相关法律、法规，保护作者权益，促进社会主义文化和科学事业的发展与繁荣。

（一）党和国家制定的有关出版管理的法律、法规阐释

教育类期刊编辑要坚持正确的办刊方针，坚持正确的舆论导向，在编辑出版客体之外，要对有关作品进行严格的审查。即除了认真阅读分析原作之外，还必须熟悉有关法律，比如《宪法》《刑法》《民法通则》《著作权法》《保守国家秘密法》等，绝不能让违反我国法律、法规的作品发表。对于一切反动、淫秽、色情、渲染凶杀暴力、宣扬迷信内容的作品，坚决不能发表，否则就是编辑的严重失职。我国《著作权法》将以上依法禁止出版的作品排斥在受保护作品之外。虽说"文责自负"，作者须对作品的政治性、科学性、正确性负责，但期刊是作者与编辑共同合作的成果，一旦发表，则风险共担，若有违法内容，期刊与编辑无疑也负有法律责任。

（二）《保守国家秘密法》相关条款阐释

《保守国家秘密法》规定："国家秘密是关系到国家的安全和利益，依照法定程序确定，在一定时间内只限一定范围的人员知悉的事项"，"一切国家机关、武装力量、政党、社会团体、企业事业单位和公民都有保守国家秘密的义务"。在期刊编辑过程中，失密的事件常有发生，比如，一些科研调查数据，在国家没有公开之前是保密的，可是有的调查者在所投稿件中，常发表一些还没公开的调查数据，如不注意，就会铸成大错。究其原因，除了保密审查制度不够健全外，往往是因为编辑人员保密观念淡薄和缺乏保密方面的基本知识。因此，作为期刊编辑，要遵守《保守国家秘密法》，不能疏忽大意。

（三）有关保护作者权益的阐释

第一，作为教育类期刊编辑，要维护作者作品的财产所有权。文章发表之后，原稿到底应该归谁？这个问题似乎很少有人在意。对于作者来说，文章既已发表，要不要原稿都无关紧要，而对于期刊编辑部来

说，文章在刊物上发表了，原稿理所当然归编辑部所有。而事实上，作者向刊物投稿，是作者将本属于自己的出版权转让给了出版者，但并未将作者对作品原件的财产所有权也一并出让给刊物，出版者所拥有的只是作品在一定期限内的出版权。作者对作品原稿的财产权和刊物对于作品的出版权是不能混淆的。因此，编辑应充分尊重作者的智力成果和体力付出，对于那些手写稿件，不论采用与否都应退稿，对打印稿，可不退还作者，但作者索要时仍应退还；对于确有存档必要的原稿，可保存复印件。这样有利于树立教育类期刊的形象，对促进教育类期刊的发展意义重大。

第二，教育类期刊编辑要维护作者作品的完整性。如今许多期刊都声明：“我刊有权对来稿作适当的文字修改和删节，不同意者，请事先说明。”这种做法实际上已侵犯了作者作品的完整性。保护作品的完整性是著作权的重要内容之一，未经作者授权，任何人不得对其作品进行歪曲、篡改。在编辑工作中，期刊编辑应如何处理正常的编辑加工与维护作者作品完整性之间的权利关系呢？对于作者文稿中可改可不改的，尽量不改。对于作品中需要修改的，一定要有百分之百的把握将其改正确，千万不能改错。当涉及文章的论点、论据、框架结构、逻辑等方面的较大改动，最好是提出修改意见让作者自己修改。若是作者授权编辑帮助修改的，便可实施修改。

有些期刊为了用有限的篇幅来容纳更多的信息，就大删作者来稿，以至于仅剩个框架或摘取来稿中有新意的段落以摘要形式发表，实际上这种做法已经侵害了作者作品的完整性。因此，在编辑过程中，编辑切忌擅自对作品作实质性的修改或大删大改，更不要将自己的观点强加于作者。

第三，应保护作者的署名权。署名权，即表明作者身份，在作品上署名的权利。署名权是作者的精神权利之一，编辑要充分尊重作者的署名权。作者有权决定怎样署名，署真名还是署假名、笔名等，亦包括合作作者的排名先后等，编辑都无权干涉。但是编辑有权把好署名关，对于署名不正确的，一定要予以纠正。比如，对于未参加该项课题研究，却利用职权或关系而在作品上署了名的，应向该项课题负责人说明这种做法违反了《著作权法》，不符合其中的署名规定，属于侵权行为，并将其交由课题负责人处理，编辑在没有作者许可的情况下，不能擅自做主。另外，还有一些没名气的作者，为了使作品能得到发表，在作者栏中私自加署在学术界有名气或高职称（职务）者的姓名，对于这些情况，编辑一定要认真识别，更好地维护作者的正当署名权。

第四，应把握好稿件处理时限。要缩短科技转化为生产力的时间，除了应大幅度缩短出版时滞外，还应努力缩短编辑处理稿件的时间。在期刊界，对来稿的处理大多为：在规定的时间（3个月或6个月）内未收到本社（部）的处理意见，请另投他刊。假如这份稿件在规定期限内未被录用，那么它就得另行投稿。殊不知这3个月或6个月中学术发展所发生的变化，文稿的价值有可能会随着时间的推移而逐渐削弱，有些甚至完全丧失，如此一来，作者的劳动成果就会贬值。《著作权法》第三十二条明确规定：著作权人向杂志社（编辑部）投稿，自稿件发出之日起，30日内未收到杂志社（编辑部）通知决定刊登的，可以将同一作品向其他杂志社（编辑部）投稿。因此，编辑一旦收到作者来稿，就应马上着手处理稿件，以便在30天内给作者发出用（退）稿通知或修改意见，使作者及时收到反馈信息，以避免作者将已被录用的稿件又误投到其他期刊，造成不必要的"一稿多投"。及时处理作者的稿件，不仅让作者满意，还有助于教育类期刊的出版工作达到快速、高效、优化的要求，是对作者劳动的尊重，同时也提高了教育类期刊的声誉，从而吸引更多的高质量优秀论文。

第五，应保护作者的报酬权。稿酬是杂志社（编辑部）付给作者论文或译文的报酬，是对作者付出的劳动代价的补偿。教育类期刊的稿酬标准应根据国家版权局规定的稿酬标准来确定。给作者付稿酬也是对作者的一种尊重和对作者经济权利的维护。作者的稿件一经发表就应及时通知作者领取稿酬，不拖延、不克扣作者的稿酬，这样才能有效地维护作者获得报酬的权利。

综上所述，传播教育信息，服务教育教学，捍卫神圣的学术殿堂，不仅有赖于教育类期刊的作者、编辑和审稿人的学术良知、良好的学术道德和职业道德，建立与完善相关法律、法规，通过刚性的法律制度惩戒学术腐败，也是保证学术良知和学术道德的重要手段。在规范教育类期刊出版发行方面，我国现有的出版管理法发挥了重要作用。但另一方面，现行出版管理法在教育类期刊的管理方面也还存在着诸多不足，这在一定程度上影响了我国教育类期刊管理的实效，还有待进一步完善。

第二节　教育类期刊运营与相关政策法律

随着我国法律体系的逐渐完善，我国市场运营活动日益规范化。教育类期刊的运营作为社会主义市场经济运行活动的一部分，和其他市场运营活动一样，既受到有关法律制度的保障，也受到相关法律法规的约束。目前，对于教育类期刊的运营，国家尚未发布专门的法律规定，其主要法律依据有：国务院出台的《出版管理条例》，以及新闻出版总署公布的《出版物市场管理规定》《期刊出版管理规定》。此外，《广告法》《内部资料性出版物管理办法》《新闻出版行业标准化管理办法》《印刷业管理条例》等相关法律法规，也是教育类期刊运营活动的参考依据。本节通过对教育类期刊运营活动相关法律法规进行解读，以进一步明确教育类期刊的运营规范，依法开展相关工作，促进教育类期刊规范有序地发展。

一、有关期刊经营管理的法律阐释

在期刊经营管理方面,《出版管理条例》《出版物市场管理规定》《期刊出版管理规定》等法规都有明确而细致的规定。例如《出版物市场管理规定》将出版物发行单位根据经营范围分为出版物总发行、出版物批发、出版物零售、出版物出租、出版物连锁经营等几大类,并分别制定了相关的管理规定。

《期刊出版管理规定》则对具体的期刊经营管理活动作出了详细具体的规约。例如第三十三条规定:"一个国内统一连续出版物号只能对应出版一种期刊,不得用同一国内统一连续出版物号出版不同版本的期刊","出版不同版本的期刊,须按创办新期刊办理审批手续"。这些规约明确了我国一刊一号的制度原则。第三十六条规定:"期刊出版单位不得出卖、出租、转让本单位名称及所出版期刊的刊号、名称、版面,不得转借、转让、出租和出卖《期刊出版许可证》。"这些规定以明确期刊的出版要求、出版程序等的方式,强调了期刊经营信息的法律价值,保障了期刊经营活动依法有序地开展。下面,根据相关法律规定,从几个方面阐释我国期刊经营管理活动的有关政策法律。

(一)有关期刊经营活动的法律阐释

《期刊出版管理规定》第三十八条明确规定:"期刊采编业务与经营业务必须严格分开";"禁止以采编报道相威胁,以要求被报道对象做广告、提供赞助、加入理事会等损害被报道对象利益的行为牟取不正当利益";"期刊不得刊登任何形式的有偿新闻"。第四十一条规定:"期刊出版单位不得以不正当竞争行为或者方式开展经营活动,不得利用权力摊派发行期刊。"

根据这两项规定,期刊的经营活动应该注意以下几个方面:首先,期刊的经营活动必须与采编业务严格区分开来。与经营活动相剥离,既是为了保证期刊采编活动的去功利化和纯粹性，保证期刊的质量，同时也有效地保障了被报道对象的利益。期刊经营活动和采编业务的分离，从客观上保障了期刊社会效益与经济效益的有效统一，保障了期刊的可持续发展。其次，期刊在经营领域的竞争必须公平有序，竞争手段必须正当合法。这有助于期刊找准提高竞争力的真正有效途径，有助于期刊经营市场的规范化以及期刊的健康发展。

（二）有关期刊广告经营活动的法律阐释

《期刊出版管理规定》第三十七条对于广告经营活动明确规定："期刊出版单位利用其期刊开展广告业务，必须遵守广告法律规定，发布广告须依法查验有关证明文件，核实广告内容，不得刊登有害的、虚假的等违法广告。期刊的广告经营者限于在合法授权范围内开展广告经营、代理业务，不得参与期刊的采访、编辑等出版活动。"这一规定对期刊广告经营的法律约束包括以下几个方面：首先，期刊的广告经营活动必须合法。包括具有发布广告的资质认定，活动必须遵守相关法律规定，各项活动程序及步骤必须合法，广告内容必须合法等。其次，期刊的广告经营活动必须合理。根据这一规定，广告经营者不得参与期刊的采访、编辑出版活动，明确了广告经营活动的范畴，从法律层面明示要合理有节地开展期刊经营活动。这些法律法规的颁布实施，有利于促进期刊广告经营活动的规范化，有利于维护期刊广告市场的秩序。

（三）有关外资参与期刊运营活动的法律阐释

《出版物市场管理规定》第十六条规定："国家允许设立从事图书、报纸、期刊、电子出版物发行活动的中外合资经营企业、中外合作经营企业和外资企业，允许设立从事音像制品发行活动的中外合作经营企业；其中，从事图书、报纸、期刊连锁经营业务，连锁门店超过 30 家的，不允许外资控股；外国投资者不得以变相参股方式违反上述有关 30 家连锁门店的限制"；"设立外商投资出版物总发行、批发、零售、连锁经营企业应具备的条件及新闻出版行政部门的审批程序按照本规定第六条至第十五条的有关规定执行；申请人获得新闻出版行政部门批准文件后，还须按照有关法律、法规向商务主管部门提出申请，办理外商投资审批手续，并于获得批准后90天内持批准文件和《外商投资企业批准证书》到原批准的新闻出版行政部门领取《出版物经营许可证》。申请人持《出版物经营许可证》和《外商投资企业批准证书》向所在地工商行政管理部门依法领取营业执照"。根据这一规定，在外资参与期刊运营活动方面，国家允许其在一定范围内开展，同时对其也有一定的法律约束。首先，对外方资本与中方在具体领域内的合作形式作出具体的规定。其次，对不同规模的期刊出版机构外资控股、参股的权限有具体规定。最后，对有外资参与的期刊运营活动的管理，制定了详细具体的法律规定和政策指导。总的看来，这些规定从法律层面保证了我国外资出版企业在法律约束的范围内稳定有序地发展。

（四）有关互联网出版物经营管理的法律阐释

《出版物市场管理规定》第十七条规定："通过互联网等信息网络从事出版物发行业务的单位或者个人，应当依照本规定取得《出版物经营许可证》，外商投资企业还应按照相关规定办理外商投资审批手续"；"已经取得《出版物经营许可证》的出版物发行单位在批准的经营范围内通过互联网等信息网络从事出版物发行业务，应自开展网络出版物发行业务15日内到原批准的新闻出版行政部门备案。"这一规定规范了互联网出版物包括网络期刊的经营管理活动。即网络出版物经营和发行业务必须合法，要取得相关部门的资质认定，完成相关的审批和备案等程序，从制度上保障了互联网出版物的相关经营活动的有序开展。

二、有关期刊发行管理的法律阐释

《出版物市场管理规定》第三条规定："国家对出版物发行依法实行

许可制度，未经许可，任何单位和个人不得从事出版物发行活动。本规定另有规定的除外。"对出版物发行主体进行了明确规定，即只有获得许可的单位和个人才能从事出版物发行活动。

此外，《出版物市场管理规定》第二十四条规定："从事出版物发行业务的单位和个人在发行活动中应当遵循公平、合法、诚实守信的原则，依法订立供销合同，不得损害消费者的合法权益。"第二十六条规定："出版单位不得向无出版物总发行权的单位转让或者变相转让出版物总发行权，不得委托无出版物批发权的单位批发出版物或者代理出版物批发业务，不得委托非出版物发行单位发行出版物。"这些规定对目前我国的出版物发行管理活动进行了详细具体的法律规约，从制度上保障了出版物发行市场的健康有序发展。根据目前我国期刊的发行工作实际，本研究从以下几个方面对期刊的发行管理规定作进一步梳理。

（一）有关内刊和外刊发行的法律阐释

《期刊出版管理规定》第四条明确规定："期刊发行分公开发行和内部发行"，"内部发行的期刊只能在境内按指定范围发行，不得在社会上公开发行、陈列"。第二十八条规定："公开发行的期刊不得转载、摘编内部发行出版物的内容。"

《出版物市场管理规定》第二十三条规定："内部发行的出版物不得公开宣传、陈列、展示、销售"，"内部资料性出版物只能在本系统、本行业或者本单位内部免费分发，任何组织和个人不得发行。"

根据以上规定，期刊的内刊和外刊发行工作应区别对待。一方面，要根据各自的实际，制定适当的发行机制和发行范畴。另一方面，在期刊内容方面，要防止出现公开发行期刊转载、摘编内刊内容的现象。

（二）有关增刊与合订本发行的法律阐释

《期刊出版管理规定》第三十四条规定："期刊可以在正常刊期之外出版增刊。每种期刊每年可以出版两期增刊。"根据该规定，期刊可以在遵循《期刊出版管理规定》有关增刊出版的具体规定，包括增刊内容、增刊刊本式样和出版增刊的申报材料内容、审批程序等的基础上，出版发行增刊。

《期刊出版管理规定》第三十五条，对期刊合订本的发行作出如下规定："期刊合订本须按原期刊出版顺序装订，不得对期刊内容另行编排，并在其封面明显位置标明期刊名称及'合订本'字样。期刊因内容违法被新闻出版行政部门给予行政处罚的，该期期刊的相关篇目不得收入合订本。被注销登记的期刊，不得制作合订本。"根据这一规定，期刊合订本的发行应当遵循：第一，内容和顺序必须与原期刊一致，不得重新编排或者变更。第二，必须标注"合订本"字样。第三，合订本的发行必须合法。这里的合法，一是指合订本不得含有违法内容和相关篇目，二是合订本制作发行部门必须是仍在运营的合法期刊部门。

（三）有关期刊发行数据统计方面的法律阐释

《出版物市场管理规定》第三十一条规定："从事出版物发行业务的单位和个人应当按照新闻出版行政部门的规定接受年度核验，并按照《中华人民共和国统计法》《新闻出版统计管理办法》及有关规定如实报送统计资料，不得以任何借口拒报、迟报、虚报、瞒报以及伪造和篡改统计资料。"

《期刊出版管理规定》第四十二条对期刊发行数据进行了明确规定："期刊出版单位须遵守国家统计法规，依法向新闻出版行政部门报送统计资料。期刊出版单位应配合国家认定的出版物发行数据调查机构进行期刊发行数据调查，提供真实的期刊发行数据。"

根据以上两条规定，国家依法掌握期刊以及其他出版物的发行数据，并有权对其进行核验和调查。一方面，有利于国家对期刊及其他出版物发行的管理，增进我们对国家期刊发行管理整体上的认识和了解；另一方面，有助于国家制定期刊发行管理工作的相关政策法律并实施，有利于期刊发行工作健康有序地开展。

三、有关期刊印刷与邮寄的法律阐释

（一）有关期刊印刷的法律阐释

期刊印刷的相关法律规定主要有国务院出台的《出版管理条例》《印刷业管理条例》，这些规章制度对印刷或复制内容、程序等进行了详细的说明和规约。

第一，从事印刷或复制业务的单位必须合法。即印刷单位必须经过审批，办理相关手续，才具备开展印刷或复制业务的资格。否则，印刷出版物一律视为非法出版物品。任何出版单位和个人不得委托未取得印刷许可的单位印刷出版物。

第二，关于境外出版物的印刷。《出版管理条例》规定印刷单位经有关部门批准，可以承接境外出版物的印刷业务，但是所印出版物必须全部运输出境，不得在境内发行。《印刷业管理条例》规定印刷企业接受委托印刷境外出版物的，必须持有关著作权的合法证明文件，经省、自治区、直辖市人民政府出版行政部门批准。

第三，对于印刷出版物内容的规定主要有：印刷或者复制单位、发行单位不得印刷或者复制、发行非法出版物，包括不得印刷含有不可公开发行的内容的出版物；不得印刷或复制非法进口的出版物；不得印刷伪造、假冒出版单位名称或者报纸、期刊名称的出版物；不得印刷未署出版单位名称的出版物等。

第四，鼓励从事出版物印刷经营活动的企业及时印刷体现国内外新的优秀文化成果的出版物，重视印刷传统文化精品和有价值的学术著作。

（二）有关期刊邮寄的法律阐释

期刊邮寄的法律规定主要体现在《出版物市场管理规定》第三章出版物发行活动管理部分。此外，海关总署和国家工商行政管理局对邮寄印刷品进出境管理和邮寄印刷品广告管理有相应的规定。

第一，任何单位和个人不得从事《出版物市场管理规定》禁止出版范畴内的包括出版物的邮寄活动在内的征订、发行、投递等活动。从事相关活动，应接受新闻出版行政部门的监督检查。具体内容包括任何组织和个人不得邮寄含有《出版管理条例》禁止内容的违禁出版物，各种非法出版物，以及侵犯他人著作权或者专有出版权的出版物等。

第二，采用网络寄送方式的期刊出版机构，应在所在地省、自治区、直辖市的新闻出版行政部门进行备案，接受新闻出版行政部门的指导与监督管理。有关部门要审查网络出版经营者的经营主体身份，核实营业执照、《出版物经营许可证》，并留存证照复印件，不得向无证无照、证照不齐的经营者提供网络交易平台服务。有从事各类违法活动的，应予以制止，并及时向所在地新闻出版行政部门报告。

第三，个人携带和邮寄印刷品及音像制品进出境管理规定。个人携带和邮寄印刷品、音像制品进出境，应向海关申报，接受海关监管。无禁止进出境内容的，按自用合理数量放行；超出自用合理数量的，应予退运。同时，对禁止进境和禁止出境的印刷品及音像制品进行了详细说明。个人携带和邮寄禁止进出境的印刷品、音像制品，海关予以没收。不如实向海关申报，不接受海关查验，或逃避海关监管的，海关依照《中华人民共和国海关法》和《中华人民共和国海关法行政处罚实施细则》以及其他有关法规，进行处理。

第四，宗教印刷品和宗教音像制品的携带和邮寄。以本人自用合理数量为限，超出自用合理数量范围的禁止进境。禁止邮寄散发性宗教印刷品和宗教音像制品进境。

通过以上对期刊出版运营相关法律的梳理，不难发现，随着社会主义法制建设的进一步推进，我国相关立法部门对期刊出版运营活动进行了较为详细具体的规定。而作为社会主义法制建设的重要组成部分，期刊出版运营相关法律法规的有效实施，是教育类期刊可持续发展的可靠保障。因此，在期刊运营活动中，要保证相关法律的有效实施，促进期刊运营活动的规范化，维护期刊运营市场的有序运行，促进期刊出版有关法律的不断完善和改进。

第三节　教育类期刊选题策划与政策意识

所谓选题策划，即指期刊编辑选择所要发表文章的题目。选题策划既是编辑工作的起点，又是贯彻出版方针、坚持出版方向和突出自身特点的体现。[①] 选题策划主要是指编辑运用其学识和智慧，在调查研究的基础上对期刊形势进行分析、观察并对未来走向有所把握，再根据社会需求，通过酝酿、提炼、筛选、分析及论证活动，及时制订选题规划，优化学术选题。期刊编辑工作中的选题策划，应当说是编辑工作的最高境界。策划水平的高低取决于编辑人员捕捉信息、把握时局的能力，取决于挖掘生活、把握时代脉搏的能力，取决于熟悉读者、把握和引导读者阅读兴趣的能力等。在所有的编辑出版工作中，选题策划应是精品产生的前提。实践证明，成功的期刊离不开成功的选题策划。

选题策划对提升教育类期刊的办刊质量、实现教育类期刊可持续发展，具有举足轻重的作用。要打造精品教育类期刊，全面完成其所承担的出版任务，提高社会效益并取得良好经济效益，在激烈的市场竞争情况下立于不败之地，就必须做好选题策划工作，着力打造刊物特色，这既是教育事业发展的需要，也是期刊自身发展的需要。为此，教育类期刊编辑在进行选题策划时不仅要具备较强的专业素养，还需具有强烈的政策法律意识。

---

① 冷淑莲，冷崇总. 关于学术期刊选题策划的思考［J］. 价格月刊，2010（10）.

一、期刊选题策划的政策导向

教育类期刊发展不仅仅是编辑个人的事业，更关乎教育事业的发展，承担着崇高的社会责任。因此，从事教育类期刊选题策划的编辑要有政治敏感性和全局意识，既要具备马列主义理论水平，熟悉党的路线、方针、政策，又要具有良好的职业道德。

（一）树立大局意识，提升理论修养

教育类期刊是促进教育事业发展的重要载体，是指导教育工作的舆论工具，因此，教育类期刊编辑要有政治敏感性和全局意识，要始终注意保持理论上的清醒和政治上的坚定。教育类期刊编辑要认真学习相关理论和政策，坚持用毛泽东思想、邓小平理论、"三个代表"重要思想和科学发展观等指导编辑工作，用马克思主义的立场、观点、方法分析教育教学改革中的新情况、新问题。特别是在重大原则问题上，教育类期刊编辑要旗帜鲜明、立场坚定，确保党的方针、政策在教育类期刊出版工作中得到体现。

（二）树立导向意识，提升政策修养

教育类期刊是传播教育政策、理论和交流教育教学思想的媒介，肩负着建设社会主义精神文明、推进教育事业发展的伟大使命。无论是选题策划还是选题实施，政治质量都是居首位的，必须把好政治质量关。因此，教育类期刊编辑应该而且必须具有较高的政治素质，自觉接受党的领导，认真贯彻执行党的路线、方针、政策，牢牢掌握党的基本路线，随时关注中央关于教育政策的新精神和新提法，使自己的思想和工作都能跟上形势的发展。一方面，对一些成熟的、明确的改革思路和改革措施，要把握主流，多加宣传和引导，以促进社会各方面达成共识，同心同德地贯彻落实好党和国家的教育方针、政策，推进教育事业发

展；另一方面，对改革当中一些不成熟的看法和认识，要通过刊物提供的平台，集众人之智慧，帮助政府形成思路。

（三）树立责任意识，提升职业道德修养

市场经济条件下，教育类期刊编辑在追求利润最大化的同时，要始终把社会效益放在首位，严格规范编辑行为，绝不能见利忘义，绝不能以一己之利而损害国家、社会和人民的利益。要始终坚持出版工作者的职业道德准则，遵守党的宣传纪律和期刊出版工作的法律法规，遵守出版发行管理的各项规章制度，不参与任何非法出版、印刷、发行及其他违法经营活动。

二、期刊选题的科研导向

选题策划不是闭门造车，不能主观空想、胡编乱造、随意而为，要以科学依据为基础。没有科学依据做基础，选题再好也只是空中楼阁，得不出任何有价值的结果。

（一）要以学术的基本原理和一定的经验事实为依据，使选题具有理论价值和应用价值

为保证教育类期刊选题策划的科学性，必须广泛收集与期刊有关的政策信息、理论信息、市场信息、读者信息和自身信息，如有关期刊出版的各项规章制度、学术研究现状及展望、期刊市场走向、同类期刊出版状况、期刊读者定位和读者阅读心理、知识结构、经济收入、年龄层情况，以及期刊社自身的财务和人员状况等。通过及时、准确、广泛地收集信息，并经过编辑创造性思维对信息去芜存精，找准选题切入点，保证选题的理论高度，拓展选题内涵的深度，提出合乎策划初衷的选题，使选题具有相当的深度与广度。深层次、多角度地反映选题策划的

信息值和信息量，从而保证选题策划的科学性。同时，要在调查研究的基础上，经过民主程序、集思广益，对选题进行论证和决策，经过反复论证、比较，决定选题的取舍，优化选题内容与结构。

（二）教育类期刊编辑要树立教育研究意识

教育类期刊编辑在专业化的进程中，必须树立对教育问题的研究意识，努力提高自己的学术素养。[①] 要积极关注并参与相关的教育研究，同时要广泛了解和吸收一些有代表性的学术观点和言论。只有具备了较高学术素养的教育期刊编辑，才能准确判断相关稿件的学术价值，才能对不同学术观点以海纳百川的学者风范予以看待和接受，才能有条件与教育专家、学者交朋友，组织到较高水平的稿件。

（三）教育类期刊编辑要具有较强的专业素质

搞好选题策划，除要求期刊编辑具有广博知识、具备对学术问题的卓越判断能力、精于写作以及具备编辑语言表达思想信息的能力、良好的策划意识与策划能力，还要求其广泛涉猎各门类的文化知识、善于把握学术发展的动态、瞄准事物发展的前进方向，使选题具有前瞻性和创新性特点，以保持期刊的学术个性和特色。同时，编辑还必须具有较高的专业素质。专业基础扎实是了解学科发展前沿的前提条件，如果教育类期刊编辑不了解本学科，既无法搞好选题策划，也没有能力对选题稿件进行选择和修改。因此，教育类期刊编辑应努力学习学科专业知识，了解其学术动向和最新研究成果，使自己有足够的学识来判断选题是否处于学术前沿、是否具有创新性。此外，编辑还需注意鉴别选题成果学术水平和发表价值。

教育类期刊编辑还必须具备较强的编辑专业素质，精通编辑业务技术，掌握编辑工作的知识和具体操作方法，懂得编辑工作的规律和特

---

① 张碧原. 试论教育期刊编辑的素养 [J]. 山西广播电视大学学报, 2008(6).

点，从而自如地完成选题策划，并积极联络作者完成稿件加工等活动。在对文稿进行加工时，应使文章内容正确、逻辑严谨、层次分明、结构完整、文字通顺、形式规范。教育类期刊编辑提高专业素质和编辑业务能力是相辅相成，互为促进的。专业学识水平的提高可积累知识，从而提高选题策划、联络作者、编辑加工的能力；编辑业务能力提高可使其工作起来更得心应手，为钻研专业知识和提高学识水平争取时间、创造条件，从而形成良性循环。因此，教育类期刊编辑应不断加强学习，不断提升自己的素质，努力发现新理论、新观点、新成果，掌握更多的知识，时刻不忘"以科学的理论武装人，以正确的舆论引导人"的宣传思想。

三、选题策划的舆论导向

教育类期刊是促进教育事业发展的重要载体，是社会主义精神文化的宣传阵地，也是为社会主义建设事业服务的重要平台。坚持社会主义办刊方向是教育类期刊最根本的宗旨和原则。正确的舆论导向，可以对社会大众起到极大的动员、鼓舞作用，促成积极向上、团结奋进的社会风气。错误甚至反动的舆论导向则对社会和国家权威、凝聚力和公信力起消解作用，给国家和人民带来危害。因此，教育类期刊选题策划必须坚持正确的舆论导向，牢牢把握为人民服务、为社会主义建设服务、为党和国家大局服务的办刊方针，所选选题应符合党和国家有关的方针、政策。

（一）选题策划必须服务于社会的文化发展

期刊属于文化产品的范畴，教育类期刊所刊载的内容也属于文化产品范畴。因此，传承既往文化优秀遗产，以创造出传播新文化、新文明的文化氛围，是教育类期刊无法回避的历史责任。教育类期刊选题策划既要传播过去的优秀教育文化，又要引导和服务未来文化教育发展方向。① 因此，从某种意义上说，教育类期刊也是一种将新文化、新文明，通过策划、组织、选择加工、编辑组合之后传达给受众，起到宣传、引导先进文化的作用的渠道。在这个过程中，编辑充当着"把关者""守门人"的角色。作为教育类期刊编辑，"把关者"的作用更为显著。教育类期刊编辑在对信息的选择、发现和组合的过程中，要具有突出的综合素质和文化素养，要具有一定的价值和品位，将精品传播于世，进而推动教育事业和科学文化的发展。因此，教育类期刊编辑的把关责任尤为重大，具体体现在以下几个方面：

首先，教育类期刊编辑的"把关"要体现在对选题和稿件的选择上。应该说，编辑活动中的选择环节体现了编辑工作的实质与特征。选择就是一种取舍，面对纷繁无绪的文化信息，面对良莠杂陈的海量稿件，期刊编辑需要从中选择最具有传播价值（包括文化价值、社会价值和市场价值等）的信息、选题、作品或作者人才，把精品奉献给教育工作者。可以说编辑的选择决定了一本教育类期刊的品质。其次，教育类期刊编辑的"把关"还体现在正确的舆论导向、文化导向以及学术导向上。任何期刊都会带有主观评价性质，编辑主体对选题、稿件、文章的选择，无疑是对编辑对象的一种价值评估，因此，突出什么、主张什么、引导什么，都会表现在经编辑之手所产生的刊物之中。当然，这种导向还可以不同方式体现出来，如有些期刊所设的"卷首语""编后记""主编札记"等，都可以成为编辑主体思想的一种表达。这些栏目或是对所刊内容的评价，或是对教育现象的评析，或是对教育教学观点的诠释，体现着期刊编辑主体传播的宗旨与目的。

（二）选题策划要服务于读者

教育类期刊承担着传播先进的教育理念、发布教育信息、引领教育

---

① 高建立. 论学术期刊的选题策划原则 [J]. 洛阳师范学院学报，2001(4).

实践、交流教育方式方法等各方面的职能，它在开展教育论坛、研讨教育方法、交流教育经验等方面具有很大优势。正是其浓厚的学术性特点，决定了期刊的读者是文化水准较高的知识分子，主体是大专院校、科研院所及教育一线的工作者。教育类期刊的特定服务对象，决定了它与一般性刊物具有明显的区别。

一般来说，教育类期刊刊登的作品内容，有些是个体独到的学术创见，这就要求编辑充分考虑刊物的针对性，有目的、有计划地针对知识分子及理论工作者这一群体的特点开展选题策划，真正发挥教育类期刊的价值，为学术探讨、学术争鸣提供专业、开放的平台。首先，必须研究市场需求，即研究读者需求。教育类期刊要办出品牌，必须在关注一定时期教育热点、难点问题的基础上，关注读者，特别是特定的读者，调查研究他们在关注哪些教育问题，将关注哪些教育问题，有哪些教育困惑，通过不断研究市场需求，并围绕这些需求策划选题。其次，要针对不同层次的读者策划选题。一本教育类期刊应考虑到读者的不同层次和不同阅读需要，刊发多层次、多角度的研究成果。若囿于一家之言，刊物难免呈现研究视角狭隘、信息来源单一的弊端，从而失去公信力和读者群体，进而影响刊物的长远发展。因此，选题策划对于教育类期刊编辑来说是一项长期而重要的工作，它直接关系到期刊品牌质量的打造，更关系到读者群体的维护。

第 **6** 章

案例分析：以国家教育行政学院"五刊"为例

第一节　公开刊物案例分析

一、《中小学校长》

《中小学校长》（月刊）是教育部主管、国家教育行政学院主办的面向全国公开发行、服务于全国百万中小学校长的工作指导性专业期刊。该刊以宣传基础教育的方针、政策、工作部署为办刊主线，组织、发表有关领导、专家学者的权威性稿件，及时进行有关政策、法规的解释、宣传和咨询；刊发学校管理研究的最新成果，提供国内外教育改革的最新信息，宣传基础教育改革的最新业绩和经验，促进中小学校长的交流，展示中小学校长的风采，大力推介成功学校、成功校长的办学治校经验。

（一）发展历程

《中小学校长》创刊于 1995 年，创刊之初虽然确立了为广大中小学校长办学治校提供参考的定位，但由于是没有正式刊号的内部刊物，所以影响范围有限。

2007 年 7 月，经国家新闻出版总署批准，《中小学校长》杂志公开出版发行。2007 年 7 月 12 日，时任国务委员的陈至立同志专门为该刊创刊号题词："建设中小学校长的精神家园，促进中小学校长队伍建设。"陈至立国务委员的题词是对我们办好《中小学校长》杂志极大的鼓舞和鞭策，使该刊更加明确了办刊方向和办刊宗旨。时任教育部部长的周济同志也为刊物撰文致辞，他在致辞中强调，中小学校长是学校发展的领军人物，是党和国家教育方针在中小学得以全面贯彻落实的直接领导者、组织者和实施者，校长的思想政治素质、业务素质和管理能力直接关系着学校的办学质量和水平，关系着基础教育事业的持续协调发展，关系着亿万学子的健康成长。我们必须从战略和全局的高度，深刻认识加强中小学校长队伍建设的重要性和紧迫性，下大决心，用大力气，建设一支素质高、能力强、德才兼备的中小学校长队伍。他希望《中小学校长》杂志坚持正确的办刊方向，大力宣传党和国家教育工作的方针政策，宣传优秀中小学校长的先进典型，深入交流研讨中小学校长工作的实践经验和理论探索，努力使杂志成为传播先进教育理念的坚强阵地，成为广大中小学校长的良师益友，为建设高素质的中小学校长队伍、为办好让人民满意的教育作出贡献。

《中小学校长》杂志自 1995 年创刊以来，经过一批批编辑和发行队伍的辛勤工作，已成为国内基础教育战线具有重要影响力的教育管理类期刊，特别是得到广大中小学校长的充分认可，发行量不断提高，目前已达到 5 万余份。

（二）可持续发展经验探析

1. 确定"从校长中来，到校长中去"的办刊思想

《中小学校长》是服务于全国百万中小学校长的工作性月刊，读者对象是广大中小学校长。"从校长中来"是指选用校长所写的文章。在组稿过程中及时反映广大中小学校长在办学过程中的成功经验和做法，优先选用校长们的投稿。"到校长中去"是指刊发有关教育政策和教育理论方面的文章，突出刊物对校长办学的指导作用。加强与教育部有关司局的联系，及时刊发有关基础教育领域的政策性文章，突出刊物在政策上的权威性，发挥国家教育行政学院在办刊当中的资源优势。同时，积极向一些教育学领域的著名学者、研究者约稿，提升刊物的学术品位和在学术界的影响力，促进教育理论对教育实践的指导。

2. 紧扣主题，围绕中心，答疑解惑，贴近实际

一份刊物要吸引读者，关键就是要有能够满足读者需要、激发读者兴趣的内容。《中小学校长》是以为广大中小学校长提供学习参考为宗旨的，所以要努力做到对他们的工作有帮助。紧扣主题，就是紧密围绕教育部中心工作，特别是基础教育方面的中心工作，在选题策划、约稿选稿等方面围绕中心，突出重点，以党和国家的教育方针、政策为指导，以为中小学校长为主体的教育管理者服务为宗旨，为他们提供改进工作、交流经验的资料。围绕中心，就是要围绕党和政府的教育工作，向读者提供办学治校方面的学习内容，帮助他们获取信息、提高素质。答疑解惑，主要是围绕广大读者关心的疑点、难点、热点、焦点问题，使他们把握教育教学规律，增强办学治校能力。贴近实际，就是要求刊物贴近工作实际、地方实际和读者实际情况，为实际工作提供理论支持、知识服务和精神支持。为此，《中小学校长》杂志在办刊过程中始终坚持了三个"三结合"。

一是在办刊思想上坚持"三结合"。《中小学校长》办刊思想在以往为中小学校长学习、工作服务，为推进中小学改革发展服务，为做好教育部与基层中小学校在政策、思路、工作部署等方面交流沟通桥梁服务的基础之上，进一步明确了"三结合"的办刊思想，即办刊要与中小学教育改革发展形势紧密结合，要与中小学校长在改革发展中面临的难点、重点问题紧密结合，要与国家教育行政学院的中心工作紧密结合，将这一思想贯彻到办刊实践中，及时调整栏目设置及每期主题，并围绕教育中的热点问题重点组织稿件。如中小学编制预算问题、教育均衡发展问题、中小学校贯彻落实科学发展观问题等等。

二是在刊物内容上努力做到学习、研究和经验交流"三结合"。与国家教育行政学院基础教育干部培训工作安排教学计划的思路一致，《中小学校长》安排内容也依照学习政策与理论、研究工作与问题、交流实践与经验三方面相结合的框架，力求每一期使读者能学习领会一些新政策方针、教育形势、工作思路及理论，能研究一些办学治校工作中的问题，能交流一些学校改革发展的实践、经验。刊物每一期基本上有一篇领导讲话，涉及农村中小学财政预算解读、教师队伍建设、中小学校长队伍建设等教育领域中方方面面的问题，有助于广大读者及时了解教育部的工作重点，明确以后的工作方向。此外，还约请专家学者就教育理论中的前沿问题进行撰文，目的在于对中小学校长进行专业引领和思想启迪，纠其思想之偏，革其观念之旧，使其掌握教育领域最前沿的理论，从而使《中小学校长》真正成为促进校长专业发展的良师益友。学习、研究、交流三结合使刊物内容增强了内在的有机关系，使刊物发挥了一种系统的、立体的指导作用，对校长的成长发展，对学校的改革创新是很有益处的。

三是在作者选择上力求做到校长、专家和有研究能力的教师"三结合"。从作者群来看，教育理论研究者、各地中小学校长和有研究能力的教师是《中小学校长》的主体。不同身份的作者其写作侧重点不同，教育理论研究者侧重于学术研究和理论探讨，中小学校长侧重于教育管理实践的经验总结和交流，有研究能力的教师侧重于教学领域的探讨。正是作者关注的侧重点不同，才使刊物的栏目特色鲜明，各有侧重，不同的主体从不同的视角对同一问题进行全面探析，有助于将问题探讨得更透彻。同时，不同的作者其行文风格不同，专家学者的文章逻辑严密、论述充分，多数校长的文章则是叙事风格、口语化明显。编辑在对不同类型的稿件进行修改时，注意保留其商榷、展示、分析、探讨等特点，尽量使文章风格有所不同，甚至能体现出一定的个性、风格，从而增强刊物的可读性。

优质的稿件对于提高办刊质量、提升办刊品位、打造刊物品牌具有至关重要的意义，是刊物的生命线。《中小学校长》杂志的稿源特点是来稿量大，但高质量的稿件并不多。因此，为增加优质稿件数量，从2009 年开始，编辑部加大了约稿的力度，充分利用国家教育行政学院的资源优势，积极向有关领导、专家和知名校长约稿，每年的约稿量都在40 篇左右。

3. 形成独特的办刊风格与鲜明的期刊个性

《中小学校长》在新的形势下，形成了一种与其他同类刊物相区别的格调。这就是设法增加了刊物的权威性、指导性和可读性。权威性是指刊物充分以国家教育行政学院和教育部为依托，及时刊发基础教育领域的教育行政部门、知名学者和名校长的高端声音；指导性是指所刊登的文章具有现实指导意义；可读性是刊物能激发读者阅读兴趣的特性。编辑是刊物的设计师，刊物的风格与特点靠编辑一手缔造；同时，刊物的美学设计也是体现刊物风格特征的重要途径。这就要求将刊物的文字、图像、材料、色彩等都当做美学要素，认真安排设计，使刊物给人以视觉艺术的冲击，给人以美的享受。

4. 不断革故鼎新，用创新来满足读者的新需求

刊物是一种按刊期连续出版的读物，从编辑出版到与读者见面的程

序上表现为重复性，但是读者的需求却是在不断变化着的。因此，刊物必须经常研究读者的阅读需求，紧随读者的需求变化。《中小学校长》这些年来在创新方面下了很大工夫。2007年针对当时的刊物发展情况，将内部刊物改为公开出版的月刊，大大拓宽了刊物的受众面；2009年又对刊物的封面进行了重新设计，创建了许多读者感兴趣的新栏目，以拉近刊物与读者的距离。为了方便数据库的检索，从2009年第5期开始，学术类论文开始加入中文摘要、关键词和参考文献，不仅使文章更加规范，版式更加美观，而且有利于文章被检索，对于扩大刊物的影响力具有重要的意义。刊物面对的是教育工作者，并以校长为主，因此不宜把版面搞得太花哨，卡通类的插图不能多；但为了使版面发挥促进阅读、提高阅读效果的作用，必须重视版面设计。因此我们主要采用配图文章和一栏与两栏拼版的版面编辑，黑体、综艺、粗宋做标题的标题编排，题图、压题图与尾图结合的设计等吸引读者，提高阅读效果。

在栏目设置方面，期刊要树立品牌形象就是要打造自己的精品栏目，并且从专事内容编辑走向品牌化经营。名牌栏目是期刊的骨骼，最能折射出期刊的整体风貌，是期刊的特色和品牌。从2009年开始，《中小学校长》将之前的栏目进行了全面梳理，开设了固定栏目和非固定栏目，前者每期必上，后者不定期上。

固定栏目有：热点关注，以配合教育部重点工作为主；校长风采，主要用于封面人物报道；专家视点，突出学术性、理论性；本期话题，即每期突出一个主题；治教方略，主要是宏观层面、地区性教育改革发展报道；管理论坛，重点关注微观层面的校长治校；教学一线，主要是深入课堂的教育教学报道；教育案例，以校长感悟为主，具有一定的灵活性。

非固定栏目有：特别报道，突出典型性、影响力、创新性；实证研究，主要关注实践的教育研究；域外拾贝，目的是为广大校长提供他山之石，以供借鉴；校长书廊，为校长奉献的心灵沟通与工作感悟；我做校长，主要是校长的自我成长经历。

从 2012 年开始，根据前两年编辑情况，《中小学校长》对栏目再次进行调整，调整的基本原则是延续固定栏目与非固定栏目的设置，对之前过分细分的栏目进行合并，加大各栏目的文章容量。调整后的栏目如下：

固定栏目有：特别报道，介绍封面人物，配合教育部重点工作；专家视点，突出学术性、理论性；本期话题，即每期突出一个主题；治教方略，主要是宏观层面、地区性教育改革发展报道；校长讲坛，从微观层面反映校长的治校办学；教改前沿，深入课堂一线的教育教学报道。

非固定栏目有：实证研究，关注实践的教育研究；国际视线，主要是介绍外国基础教育；校长书廊，为校长奉献的心灵沟通与工作感悟。

5. 跳出刊物本身，面向大社会，进行大宣传

读者是刊物的上帝，是刊物形象的评价者。千方百计为读者办好刊物是《中小学校长》办刊人员最基本的出发点；贴近读者，服务读者，让读者喜闻乐见是《中小学校长》在市场竞争中取胜的主要手段，也是塑造良好教育期刊形象的根本保证。所以，《中小学校长》的编辑人员需要研究读者，满足读者的心理需求，并为此进行精心策划，这样才能赢得读者的青睐。

在保证正常出刊的前提下，《中小学校长》杂志充分发挥刊物在全国基础教育领域已经形成广泛影响、品牌效应显著的优势，每年组织一次全国性的"中小学校长发展论坛"，为教育行政部门领导、教育研究人员和中小学校长搭建广泛交流、分享经验的平台，同时也能够进一步密切刊物与读者的联系。目前，"中小学校长发展论坛"已成功举办了四届，每届论坛，杂志社都要精心组织与策划，特别注重确定论坛的主题，以确保论坛能够取得实效。

第一届论坛的主题是"转型·抉择·成长——中国教育转型过程中校长的职业定位与发展路径"；第二届论坛的主题是"形势·任务·发展——学校内涵发展与教育家型校长"；第三届论坛的主题是"专业·

专长·专家——校长的使命与挑战"；第四届论坛的主题为"特色·创新·规律·质量——校长办学治校能力建设"。特别是第四届论坛的主题，是在认真总结前三届论坛取得成效的基础上，深入研究《教育规划纲要》贯彻实施一年来中小学校长面临的新形势、新任务、新挑战，结合校长们职业实际而确定的，是前三届论坛主题的进一步深化。

实践表明，论坛通过一线校长和专家学者的交流研讨、国外经验的分享，以及实地的参观考察，对广大中小学校长开阔视野、凝聚共识大有裨益。同时，《中小学校长》杂志也为推进我国基础教育改革发展作出了应有的贡献。

申请成为学术组织的会刊，是《中小学校长》杂志谋求发展、扩大影响、壮大实力的又一项举措。2009 年《中小学校长》申请成为"全国中小学校长培训工作研究会"会刊，这为扩大刊物在全国教育干训领域的影响搭建了有利平台。2010 年利用中国教育学会教育行政专业委员会在国家教育行政学院成立的契机，《中小学校长》申请成为"中国教育学会教育行政专业委员会"会刊，这为扩大刊物在全国教育行政领域的影响搭建了有利平台。目前，《中小学校长》杂志正在充分利用这两个有利平台积极谋划刊物进一步发展的增长点。

（三）进一步办好刊物的建议

1. 注重可读性

《中小学校长》杂志的主要读者对象是全国广大中小学校长。读者对象是明确的，但需要注意的是相同的读者在不同的时期，同一时期的不同读者，不同时期的不同读者，对刊物和文章的可读性要求是不尽一致甚至是大不相同的。办刊者只有不断敏锐地捕捉读者群当下的兴趣和兴奋点，使自己心目中的可读性与目标读者心目中的可读性尽可能多地达到相似甚至吻合，刊物才能具有永久的魅力。因此，要以增强可读性为重点，在内容、编排、写作等方面都要有所研究，力求做到信息实用、内容厚重和视角贴近，从而赢得读者和市场。

2. 贴近实际

《中小学校长》定位于教育类工作指导性刊物。它不同于教育学术期刊探讨教育的一般理论，也不同于教育行政部门的政策性文本，更不同于一般时尚类和时政类的刊物，那么如何突出"工作指导性"？这就要求刊物贴近基础教育的第一线。当前基础教育领域的教育教学改革轰轰烈烈，如果编辑们还满足于坐等稿件上门，那么所刊发的文章难免有隔靴搔痒之感。尽管每期都能够围绕某一主题如教师队伍建设、特色学校、校园文化、班级管理、学校德育、学校文化建设等来选稿组稿，但也要看到，各地各校的具体做法既有共性也有个性。这就要求编辑人员深入学校，甚至深入课堂，只有当切实地深入学校，与教育工作者广泛接触，了解信息，才能收集到真正有意义的并对他们有切实帮助的话题。

3. 打造品牌特色栏目

根据读者的特点，进一步提高"专题"策划的思想深度和理论深度，将一些热点问题上升到理论高度来剖析，增强透视力，回答教师深层次的问题。期刊存在的价值不仅仅在于它是否有独家内容，还在于它是否有独家理念、独家视角、独家方法。对于同一内容完全可以有不同的视角、观点和倾向，既可与其他媒体相区别，也可显示出自身的价值，突出自身的独特性。《中小学校长》的一大优势，就是与教育行政管理部门建立了良好的关系。教育行政管理部门拥有大量的高素质专业人才，这些专业人才具有丰富的行业知识、深厚的专业功底、精湛的业务技能，同时又是行业法规政策的制定者和解释者。可以邀请这些专业人才为己所用，将其聘为栏目主持人、专题撰稿人或特约审稿人，通过这些创新性工作，提升刊物的质量，打造品牌栏目。

4. 提升期刊可读性

《中小学校长》承担着宣传基础教育重点工作、弘扬先进典型、展示中小学校和中小学校长良好形象的任务。对于这些"规定动作"的报道，办刊者要从读者的需求出发进行改革创新。坚持内容与形式的和谐，既要在工作重点和读者关注点的结合上选准报道素材，又要在报道视角和表现形式上推陈出新，使这类报道既导向正确又生动亲切。由于时效性不强，会议报道应少而精，尽可能采取"厚题薄文"的处理方式；法规政策应摘要刊登，多在解读、分析上下工夫；典型宣传应突出时代性，富有表现力，讲求故事化。报道与读者的距离拉近了，读者也就爱看了。在改进"规定动作"的同时，还要拓宽报道面，使"自选动作"与读者更贴心，与热点更贴近。

另外，让刊物好读起来，还需要在文章体裁、报道手法、版面设计等方面因时适变，多采用新闻调查、人物特写、通讯、散记、随笔、自述等纪实性文体，多提供一些视角新、语言新、表现手法新的文章，多从读者的角度考虑问题，合理搭配图文，美化版面编排，增强视觉冲击力。

5. 实行严格的审校制度

我国出版部门现行的审稿制度是三审责任制。三审制中每一审级者的着重点不同，具备上一审级对下一审级的监督和不同审级相互补充的特点。审稿是编辑工作的中心环节，是一种从出版专业角度，对书稿进行科学分析判断的理性活动。我们要切实做好初审、复审和终审工作，三个环节缺一不可。在三审环节中，任何两个环节的审稿不能同时由一人担任。如果减少审稿环节或一人同时担任几个环节，这很容易导致错误出现。三审的着眼点和侧重点是不同的，三个环节缺一不可。一般说，初审要在审读全稿的基础上，从专业的角度对稿件的社会价值和文化价值进行审查，把好政治关、知识关、文字关，并对稿件提出取舍意见和修改建议。而复审则在审读稿件的基础上再次对稿件质量及初审报告提出复审意见并作出总的评价，还要解决初审中提出的问题。终审要根据初审、复审意见，主要负责对稿件的内容，包括思想政治倾向、学术质量、社会效果等方面作出评价。

此外，还要建立严格的校对制度。校对，是根据原稿核对校样，订正错误，提出疑问，以保证出版物质量的工作。这是一项专业性很强的工作，没有经过专门训练是很难胜任的。但目前，校对这个环节成了期刊工作中的薄弱环节。有些期刊甚至把校对工作看做一项附属性的工作，于是就出现了这样一些现象：有的编辑自己编、自己校，实行所谓"编校合一"，忽视校对环节直接的后果是影响期刊质量。应该说，校对要严格按照基本的操作工序，包括初校、二校、三校、通读、誊样、核红、文字技术整理等各个环节。所以，编辑部应配备足够的具有专业技术职称的专职校对人员，负责专业校对工作。一般来说，期刊的校对应不少于三个校次。

6. 要为指导教育教学实践发展服务

理论引导与实践服务相结合，是教育类期刊发挥作用的优良传统。比如在当前的基础教育改革领域，素质教育深入开展，课程改革向纵深推进，广大教育教学一线的校长、教师和教育管理人员、研究人员普遍面临着许多新问题，需要通过学习来解决、来调整。而目前我国的教育期刊虽然种类繁多，但有相当部分缺乏真正的实效性与指导性。在这方面，《中小学校长》就可以起到很好的媒介和桥梁作用，切实为教育教学实践发展服务。总之，《中小学校长》要努力在实践服务中促进校长的发展与成长，力争做教育改革与发展进程中广大中小学校长的创新型的良师益友。

二、《国家教育行政学院学报》

《国家教育行政学院学报》（月刊）（以下简称《学报》）是由教育部主管、国家教育行政学院主办的在国内外公开发行的高层次教育管理类学术期刊。期刊先后入选全国中文核心期刊、CSSCI 来源期刊，同时也是中国高等教育学会高等教育管理研究会会刊，是我国高等教育事业和哲学社会科学事业的重要组成部分。

刊物"突出高教管理，服务教育改革与发展事业"，注重学术性、理论性、政策性、现实性，充分利用国家教育行政学院办学资源优势，荟萃国内外知名学者和有关政府官员来院讲学的精彩报告和最新研究成果，广泛交流教育管理改革的新经验、新认识及有关社科方面的新成果，关注教育管理、改革的热点和难点，引领教育管理研究的前行方向。

《学报》已成为高等教育及其管理领域争鸣的园地、研究者与实践者对话的平台、教育决策部门与实际工作部门双向互动的桥梁。作为在全国教育理论界有一定影响的学术刊物，《学报》刊发的论文多以高等教育研究为主，论文的作者多为工作在高等教育第一线的管理、教学和研究人员，宏观与微观的结合、理论与实践的结合为刊物主导高教研究的一大特色。

（一）发展历程

《学报》伴随着国家教育行政学院的发展，在进取中求变，在创新中发展，不断涵养特色。随着办刊质量不断提升，社会美誉度明显提高，品牌效应日益凸显，赢得了全国教育理论界的普遍认可。

《学报》创刊于 1987 年，当时刊名为《教育管理研究》（内刊），为季刊。1999 年刊名更改为《国家高级教育行政学院学报》，此时由季刊改为双月刊并公开发行。时任教育部部长的陈至立同志以《教育刊物要为教育改革和发展服务》为题祝贺《教育管理研究》面向国内外公开发行，勉励《教育管理研究》编辑部的同志不仅要积极推广、交流教育管理方面的最新理论成果，而且必须加强学习，不断提高自身素质，使这本刊物办出高质量，更好地为我国教育改革和发展服务。2003年刊名随学院名称变更而更改为现名，为双月刊。2005年又由双月刊更改为月刊。

荟萃教育管理精英的真知灼见，广纳专家、学者、新人的学术精品，开启教育管理研究的崭新视域，引领教育管理改革的前行方向，《学报》秉承传统，不断创新。特别是改为月刊后，它充分利用国家教育行政学院办学资源优势，努力开发学院教学科研成果，着力围绕"教育管理""服务于学院培训工作""服务于教育部主体工作""理论研究与实际工作紧密互动"等特色，打造强势栏目，形成了"教育学学人"（2009年此栏目更名为"教育学人"）、"学院讲演录"（2010年此栏目更名为"演讲录"）、"校长/书记文萃""专题研究""考察/调研报告"等有重要影响的品牌栏目，推出了一系列力作，大大提高了刊物质量和社会美誉度。

《学报》为提高我国教育管理水平，特别是教育干部培训质量，服务于我国教育改革和发展作出了自己应有的贡献。

（二）刊物的社会影响分析

如今，《学报》机构用户和个人读者已分布25个国家和地区，拥有哥伦比亚大学、墨尔本大学、剑桥大学、牛津大学、澳大利亚国家图书馆、大英图书馆、日本国会图书馆、新加坡国家图书馆、中国国家图书馆、中共中央办公厅等一批中外高端用户。近年来，《学报》坚持明确的办刊宗旨、秉承学术传统、走创建品牌之路，以打造品牌栏目为抓手，在"精""深""新"上做文章，使办刊质量不断提升、社会美誉度明显提高、品牌效应日益凸显。

仅从文章被转载的角度而言，文章被转载率不断提高。2002年、

2003 年分别有 1 篇文章被《新华文摘》转载；文章引用数 2001 年为 9 篇，2004 年为 21 篇。转载率在全国教育学院学报系列中的排名，2001 年为第 19 位，2004 年为第 2 位；在全国行政学院、政治学院学报类系列中排名，2001 年为第 25 位，2004 年为第 7 位。2006 年所刊登的文章被《人大复印报刊资料》全文转载 12 篇，占所发文章的 6%，被《新华文摘》转载 4 篇、论点摘编 3 篇，占所发文章的 6%，彰显了本刊在同类期刊中的竞争优势和较大的社会影响力。《学报》为促进我国教育干部培训质量乃至教育管理水平的进一步提升作出了自己的贡献。

经过 20 年的不懈追求，2007 年底《学报》入选 2008 版全国中文核心期刊，2008 年底入选 2009—2010 年 CSSCI 来源期刊。2006—2010 年共编辑出版《学报》60 期，被《人大复印报刊资料》索引 191 篇，全文转载 45 篇；被《新华文摘》全文转载 6 篇，论点摘编 7 篇；继 2008 年入选 CSSCI 来源期刊，2010 年再次入选 CSSCI 来源期刊，5 年内《学报》发行数平均增长率为 8.18%。继往开来，2011 年《学报》续写辉煌，继续入选 2011 版全国中文核心期刊，入选 2011—2012 年 CSSCI 来源期刊，并且排名都有所提前。

（三）可持续发展经验探析

在国家教育行政学院领导及教育管理杂志社领导的指导下，《学报》深入贯彻落实科学发展观，坚持正确的办刊宗旨，秉承学术传统，不断开拓创新，办刊质量不断提升，社会影响不断扩大，学术声誉不断提高。概括起来，我们在以下几个方面进行了改革尝试与深入探索。

1. 对重要栏目进行调整

把原"教育学学人"栏目改为"教育学人"。虽然只是一字之差，但带来的效果和社会影响却大不一样。栏目调整后，一大批高校校长、高教管理专家，甚至中科院院士都欣然应邀撰文。这些文章反映了大学校长、专家学者先进的办学理念和战略思维，以及对我国高教领域的热点、难点问题的深入思考，同时也带来了管理一线的鲜活经验，得到了读者的广泛认同，引起了社会各界的普遍关注，并被《新华文摘》《人大复印报刊资料》转载，大大提升了《学报》的办刊质量和社会影响力。

2. 严格按照"双核心"期刊的要求改进编辑工作

从 2009 年第 3 期开始，我们严格按照中文核心期刊的要求，及时增加了"作者简介""中图分类""文献标识""文章编号""基金项目""收稿日期"等重要检索信息，并对版面进行了完善和改进。这样，增加了编辑工作的难度，工作量也随之大增；但是为了提高办刊质量，所有编辑同志都无怨无悔、迎难而上，为此倾注了大量心血，使《学报》版面、呈现方式更加规范，收到了良好的效果，《学报》在版面规范化的道路上大大向前迈进了一步。

3. 紧跟理论前沿认真组织、遴选稿件

《学报》坚决执行和宣传党的教育方针，突出教育管理特色，服务教育部主体工作和学院培训工作，秉承学术传统，紧跟理论前沿，认真组织、遴选稿源。主要体现在以下三个方面：一是主动向教育界著名专家、大学校长约稿。二是围绕当前社会各界广泛关注的教育热点、难点问题认真组稿，并以专题论坛的形式，对这些问题进行深入剖析。近几年，主要集中围绕"高等教育改革与发展""提高高校领导能力""提高教育质量""人才培养""加强大学生思想政治教育""加强教师队伍建设"等重要专题认真组稿，主动约稿。三是对自然来稿进行认真遴选，严把质量关，杜绝刊登有偿稿件的行为，对主动提出支付版面费的稿件，一律不予录用。

4. 举办专题论坛，扩大《学报》的社会影响

为了扩大《学报》的社会影响并提高其学术声誉，加强与专家同行

的沟通交流，提高稿源质量，自 2009 年起在学院领导的大力支持下教育管理杂志社已连续组织三届"高校管理者论坛"，每年举办一届。论坛举办以来，越来越受到高等教育界人士的广泛关注，逐渐发展成为高等教育界一个知名的品牌活动。

2009 年 7 月 16—22 日，在云南昆明成功举办了"首届高校管理者论坛"。论坛围绕高等教育管理者面临的问题，以及教育学术期刊如何为贯彻落实科学发展观和党的教育方针作好舆论宣传展开了热烈讨论，广泛听取了与会专家学者和高校领导的意见。论坛还就我国高等教育战略发展中的重要问题、学校定位与管理、人才培养与模式创新，以及提高教学质量与教学评估等高教管理中的重要内容，进行了深入系统的探讨。

2010 年 7 月 21—25 日，"第二届高校管理者论坛"在宁夏大学成功举办。论坛的主题为"学习贯彻《国家中长期教育改革和发展规划纲要》与全面提高高等教育质量"。围绕这一主题，论坛邀请有关领导和参与《教育规划纲要》起草的权威专家作了"解读《国家中长期教育改革和发展规划纲要》精神""现代大学制度建设与内涵发展""高校教学评估与提高人才培养质量"等专题报告，并就与会代表关心的问题开展了互动交流。

2011 年 4 月 25—29 日，"第三届高校管理者论坛"在宜宾学院成功举办。论坛的主题是"建设现代大学制度，完善高校治理结构"。围绕这一主题，论坛邀请原教育部部长周远清等领导和专家作了专题报告，并设置分论坛，就当前高校体制改革中存在的问题和与会代表开展了互动交流。来自"985"高校、"211"高校以及全国普通高校的校级领导、中层干部等 500 余人参加了论坛。

在历届论坛上，与会代表各抒己见，广泛交流思想，达成了诸多共识。这些来自管理一线的鲜活经验，极大地丰富了我们的办刊思想和内容。通过学术论坛这种形式，一是使我们加强了与专家学者、高校领导以及广大读者的沟通与交流；二是宣传了《学报》的办刊思想、服务宗旨，进一步明确了办刊方向；三是锻炼了队伍，开拓了事业发展的空间。

5. 积极服务国家教育行政学院培训工作

《学报》自觉把提高质量和服务国家教育行政学院教学、科研工作有机结合起来，同等质量的前提下优先发表学员、本院教师的文章。配合科研处专门编辑发表了高教管理研究会学术年会会议论文，编辑发表了学院组织的"春季论坛"和"秋季论坛"等会议文章，配合各教研部陆续刊登了第 32 期、第 33 期等中青班评选出的优秀论文，宣传了学院的教学科研成果，为学院的培训事业作出了应有的贡献。

站在新的起点上，《国家教育行政学院学报》还需围绕"教育管理""服务教育部主体工作""理论研究与实际工作紧密互动"等特色，与时俱进，开拓创新，在新的征程中实现更大的发展。

（四）存在的问题与对策建议

1. 制约《学报》可持续发展的现实问题

第一，对外宣传不够，社会影响力亟待增强。当今信息时代，"好酒也怕巷子深"，应加大对刊物的宣传力度，积极增强其社会影响力。

第二，征订发行缺乏新手段、新方法，渠道单一。经过多年的发展，《学报》已经有相对稳定的客户和读者群，然而长期以来采取的征订发行方法较为守旧，渠道相对单一。期刊的网络发行已经成为一种趋势，而《学报》的网络发行尚未开启。

第三，期刊信息化程度不高。稿件信息处理数据系统初步建成，但是由于缺乏专业人员维护、升级，许多数据、报表还需要人工编制处理，效率不高，还没实现网上登记、查阅、编辑、审稿，编辑工作效率有待进一步提高。

第四，广告经营、合作机制尚未建立。《学报》经过广告经营的开发和拓展，近几年取得了良好的经济效益。但是，广告业务缺乏稳定的大客户，需要花大量的人力去寻找合适的客户，因此要通过合理价位的设定与有效的沟通，争取到有长期合作意愿的客户，获取连续的经济效益。

第五，对外交流与合作不够，缺乏国际办刊视野。一方面，与国内教育专业性学会（协会）以及相关国家级刊物、国内四大文摘联系不够密切；另一方面，办刊视野狭窄，校外作者队伍有待进一步扩大，尤其是高水平的作者，远未达到应有的规模。

2. 进一步办好《学报》的对策建议

第一，正确定位，明确办刊思路。《学报》将继续紧紧围绕教育部中心工作，牢牢把握高等教育改革发展脉搏，始终站在高等教育改革发展理论前沿，不断解放思想，勇于探索，锐意创新，广纳学术精品，进一步突出《学报》的学术性，不断提升《学报》的质量，以及在高等教育界的美誉度和影响力。为此，我们对刊物栏目作了适当调整，以进一步打造精品。为提高质量，增强学术性，《学报》将在进一步总结经验的基础上，对栏目作如下调整：

固定栏目及顺序调整为：教育学人、书记/校长文萃、教育经济与管理、教育基本原理、专题研究、工作探讨、考察/调研报告、外国教育；非固定栏目为：演讲录、科研动态、学术争鸣、教育史钩沉。

在继续打造品牌栏目"教育学人""书记/校长文萃""演讲录"的基础上，着重打造"专题研究""外国教育"等栏目，通过加强选题策划和组织好作者队伍来实现。

第二，明确栏目重点，突出《学报》特色。"教育学人"栏目，将重点关注高水平大学建设、领导力提升、高校办学理念和战略发展等方面的内容；"书记/校长文萃"栏目，将重点关注校长、书记在治校办学过程中产生的感想、领悟、思考，以及他们对改革创新、处理危机、增强管理能力等问题的探索与研究；"教育经济与管理""教育基本原理"栏目，将重点关注高等教育及其管理的重大理论问题，如关注现代大学制度建设、高校内部管理体制改革、校院两级管理、教育公平、学风建设、教育质量、人才培养模式创新、学科建设、师资培养等，组织一批高等教育界知名专家学者、高校领导、行政官员撰写学术文章，力求打造出精品栏目，从而使《学报》的整体水平跃上一个新台阶；"专题研究"栏目，将围绕当前高等教育界和社会上普遍关注的热点、难点问题，以专题研究的形式认真组稿，以集中、聚焦的方式关注理论前沿，突出对现实需求等问题的研究；"考察/调研报告"栏目，将重点关注高等教育改革实际，突出调查研究的实证性特点，有选择地刊登视角独特、观点新颖并有一定科学依据和理论深度的调查、考察报告；"外国教育"栏目，将重点关注世界各国高等教育管理、高水平大学建设、人才培养、学科建设等方面改革的新举措、新进展，以及对我国当前高等教育改革与发展有一定借鉴意义的新理论、新成果。

为进一步突出《学报》的学术性，增强选题策划和组稿的灵活性，灵活机动地反映学术动态和理论前沿，培养新的作者群，我们将进一步加强非固定栏目的建设："演讲录"栏目，主要刊登学院举办的各种会议、论坛上专家、学者、学员代表演讲的精彩内容，突出及时、快速、信息量大、主题明确集中的特点；"科研动态"栏目，主要刊登学院学术研究、各种会议综述、学员优秀论文等方面的内容；"学术争鸣"栏目，主要刊登新人新作，包括一批博士生的学习、研究成果，力求突出栏目的前沿性、学术性，达到引起学术争鸣、百花齐放的目的；"教育史钩沉"栏目，主要刊登反映中外教育史上理论成就、实践经验、教育思想，并对当今高等教育实践具有借鉴意义的成果和文章。

第三，围绕中心工作，追踪理论前沿，大力加强选题策划。近几年，教育大事多、好事多，特别是《教育规划纲要》实施以来，教育改革发展取得了显著成效，加之国民经济和社会发展的"十二五"规划顺利实施，文化体制改革大力推进，这些都将进一步推动教育改革与发展。我们要围绕这些中心工作，紧跟高等教育改革发展步伐，站在高等教育改革发展理论前沿，大力加强选题策划。具体操作如下：

　　重点对"专题研究"进行选题策划。"专题研究"的选题拟从以下几个方面产生并进行细化：一是《教育规划纲要》实施中有关问题研究；二是高校领导力建设研究；三是世界一流大学、高水平大学建设研究；四是区域高等教育协调发展研究；五是高等教育内涵发展研究；六是对外合作办学研究；七是科研能力建设与学术氛围构建研究；八是高等教育政策法规研究；九是学科与师资队伍建设研究；十是高教评估与人才培养质量研究；十一是高教投资与助学贷款、高校资产管理研究；十二是高校学生工作与思想政治教育研究。

　　对确定的专题，要提前三个月或半年在《学报》和学院网站有关栏目登出"征稿启事"，同时要选准作者，进行重点约稿。有些重大的选题，还可以组织研讨会等，争取每年都能组织几篇重点文章。

　　第四，不断加强作者队伍建设，进一步提高约稿质量。我们要在现有作者队伍的基础上，进一步发挥主动性和积极性，统筹建设好以下七支作者队伍：一是教育部有关领导作者队伍，包括有关部级领导、司局级领导；二是高校尤其是部属、"985工程""211工程"高校校长、书记作者队伍；三是省（市）教育厅（局）长队伍；四是学院学员作者队伍；五是高校教育院系、教育研究院所、教育研究学会等教育理论专家与学者；六是教育部四个（清华大学、浙江大学、上海交通大学、西安交通大学）战略研究基地专家学者；七是驻外教育处（组）作者队伍。具体操作起来，应从以下两方面入手：

　　一方面，根据不同特点，通过多种方式与作者构建良好关系。教育部有关领导作者队伍，尤其是对部领导和司局领导，要多当面或文件请示、沟通，并约稿；对于校长/书记、省（市）教育厅（局）长作者队伍，要多利用节假日，通过贺卡或书信致以问候，同时推介杂志，并进行约稿；对于高校教育院系、教育研究院所、教育研究学会以及教育部四个战略研究基地专家学者队伍，要择其重点（20家左右），与之建成"友好单位"，如果稿件质量符合要求，优先刊发该单位稿件；对于驻外教育处（组）作者队伍，在通过国际司刊发有关稿件的基础上，与《高教领导参考》一起，通过电子邮件或其他形式，积极主动向他们约稿。另一方面，进一步建立健全作者队伍资料库。要通过多种方式，尽量掌握上述七支作者队伍的概况，并逐步了解每个作者尤其是重点作者的个人情况，建设我们自己的资料库。

第五，注重细节，进一步提高编辑质量。细节决定成败，我们在编辑工作中，要在总体把握整期刊物、娴熟驾驭每篇文章的同时，注重对细节分析研究，精益求精，不断提高编辑质量。一是不断加强编校工作，努力减少乃至杜绝逻辑、文字方面的错误。二是不断加强版式设计工作，努力使封面、内文等更加美观大方。三是严格控制编辑工作各环节的进度，加强质量监督，保证每期刊物按时高质量出版。

第六，通过多种方式，不断提高编辑人员素质。一是定期或不定期开展社内业务研讨，互相交流经验，弥补自身不足。二是通过外出考察、学习等方式，向外"取经"，提高自身素质。鼓励学报编辑参加国内外学术交流和讨论，开阔其眼界。三是鼓励编辑到教研部门去兼职，在参加交流活动、学术兼职中了解学科前沿，把握学术进展，洞察发展趋势。四是积极地吸引知名学者到学报兼职，参与专题的策划，甚至兼做一些栏目的主持人。通过学者和编辑的双向兼职，通过编辑队伍的专兼结合，形成一支精干高效的编辑队伍，更加积极主动地适应科学发展的需要、社会发展的需要、人的需要。

第七，进一步完善编审制度。在严格、规范的稿件三审制度的基础上，应学习国际学术期刊界的普遍做法，逐步实行专家匿名审稿制度。

第八，加快刊物数字化进程。期刊的数字化是科技发展的要求，是作者的要求、读者的要求，更是期刊自身生存、发展的必然要求。期刊的数字化不仅可以提高作者文稿的发表速度，而且能为读者提供更加快捷、更人性化的阅读服务和丰富的阅读体验。加快数字化建设脚步，利用好知识经济、信息社会的优势，通过数字化期刊出版发行、网络、论坛等方式，不断提高期刊办刊水平。进一步加强管理，注重改革创新的实践，增强《学报》在社会上的影响力，打造优质品牌。

第二节　内部刊物案例分析

一、《基础教育改革动态》

（一）办刊定位及发展历程

《基础教育改革动态》（半月刊）是由教育部主管、国家教育行政学院主办的教育类内参性刊物。自 1996 年创刊以来，深受广大基础教育行政管理者和中小学校长的欢迎，成为他们案头必备的工作参考。

1. 办刊定位

《基础教育改革动态》利用教育部和国家教育行政学院教育干部培训等优越资源，及时准确地报道中央和教育部领导关于基础教育方面的重要讲话及有关基础教育的重要文件、信息，密切配合教育部工作重点和部署，做好教育方针政策的宣传、解读工作，推出各地基础教育改革发展的新举措，全面报道基础教育改革发展的新动向、新态势、新的工作部署和思路，为广大基础教育战线的领导同志、工作人员提供最权威、最及时、最准确的政策指导、工作指导、学习指导和信息服务。

2. 发展历程

经过 17 年的发展，《基础教育改革动态》获得了广泛的影响力，有读者说这是一份不可不读的刊物。现以刊物栏目设置的变化调整为线，就刊物的发展历程作简要介绍。

同大部分刊物一样，《基础教育改革动态》在 17 年办刊历程中，不断克服内部如编辑专业化程度不高、编辑力量不足等问题，及时应对外部变化，如教育改革形势复杂多变以及网络传播对纸质刊物的影响，日趋成熟，彰显了教育类内刊的特点，持续发展。

《基础教育改革动态》创刊初期是由国家教育行政学院图书馆承办，由教育部基教司终审。由于当时办刊、审查环节烦琐，因此每期刊物的内容和出版时间经常调整，以致影响正常出刊，创刊当年仅出版 12 期。办刊初期的不成熟主要体现在栏目设置的多变与不稳定上。

1996 年第 1 期（创刊第 1 期）栏目有：工作计划、招生考试制度改革、高中教育改革、教学改革、校长论坛、国外教育及不另开栏的领导讲话。而第 2 期栏目有：坚决制止义务教育乱收费、文件选登、师资队伍建设、信息集锦及不另开栏的有关领导讲话。应该说，当时栏目设置的频繁更换很不规范、不成熟。但是，我们从中能够看出，无论栏目如何设置，刊物内容都在力求推动基教改革、引导基教发展。

1997 年《基础教育改革动态》真正办成了半月刊，栏目设置取得了进步，虽然仍不稳定，但是已经显示出较好的概括性和集纳性。如，1997 年第 1 期栏目为：文件选登、党政领导谈教育、爱国主义教育、争鸣园地、德育工作、法制教育、师资队伍建设、教学改革、高考信息、国外教育、信息集锦。第 2 期为：教委主任论坛、县教育局长谈教育、爱国主义教育、择校现象面面观、教学管理、薄弱学校建设、教学与改革、教育卡片、统计资料、考察报告、国外教育动态、港澳台之窗。从栏目设置上，可以看出这一时期《基础教育改革动态》的栏目设置基本稳定，包含了基教改革主要内容，然而仍有因文设栏的情况，不利于编辑稳定的组稿与读者投稿。但同时，这也是努力反映基础教育改革实际，力求发挥推进改革和引导改革作用的表现。

1998 年《基础教育改革动态》再次进行栏目调整，配合当时教改形势，确定的基本栏目有：文件选登、地方文件选登、热点问题调研、教委主任谈教育。但不久又开始随基教工作重点变化而改变栏目。如，第 4 期栏目为：文件选登、普九工作、民族教育、企业办学、德育工作、高考动态、国外教育、信息集锦。第 19 期栏目又变为：教育论坛、全国地区教育、扫盲教育、国外教育、信息集锦。而在第 24 期，又增添了幼儿教育栏目。这一方面反映出基教改革的重点工作不断变化的实际情况，另一方面也反映出当时的编辑部尚未寻找出一条既能适应变化的基教改革形势，又能稳定设置栏目的较好路径。

1999 年《基础教育改革动态》沿袭 1998 年的办法，随着基教司和基教一线的工作任务的进展，随时增减栏目，虽然还未摆脱因文设栏、因报道内容设栏的编辑方式，但为基教改革服务，推动、引导基教改革发展的办刊宗旨依然坚持。所以，从 1996 年创刊至 1999 年，四年的办刊工作虽然不十分规范，包括刊物用纸的质量、字体字号的选择都不甚讲究，但是刊物始终受到基教行政管理部门和中小学校长的欢迎。这主要得益于刊物始终能基本符合读者要求，刊物的一些微小的瑕疵、不足，并没有影响刊物的生存、发展。

2000 年《基础教育改革动态》办刊工作归入教育管理杂志社负责。从办刊规范化的要求出发，重新调整了封面设计、封底以及字体字号、栏目设置。2000 年第 1 期栏目有：重要讲话、重要信息、热点笔谈、学校管理、农村教育、管理改革、校长论坛、改革信息、外国教育。具体内容为：陈至立部长谈教育部 2000 年工作的主要思路和要求，陈至立部长谈切实减轻学生过重负担的几个问题，教育部 2000 年工作要点中的基础教育部分，教育部关于在小学减轻学生过重负担的紧急通知，北京市提出"减负"九项措施，江苏省要求全省落实教育部"减负"通知精神等。很显然，办刊水平有了明显的提升，编辑思想体现在主题报道中，十分清晰、明确；栏目设置简练，易于导读与组稿。但同时，《基础教育改革动态》的栏目设置仍时有调整，如第 7 期增加了"学校德育"栏目，第 14 期又改为"德育工作"栏目，第 24 期增加了"安全工作"和"课程改革"栏目。但这显然是与当时基教工作实际相配合，适当增减栏目并不影响栏目的基本框架，也并没有影响刊物质量。

2005 年《基础教育改革动态》的栏目又进行了一次较大的调整，确定以近期短讯、重要信息、地方政策法规、发展思路、热点关注、外国教育、领导讲话为基本栏目，每期根据基教改革发展情况作一些微调，增减部分栏目。如，第 12 期栏目为：观点摘要、重要信息、领导讲话、地方政策法规、思路与决策、编辑手记、教师教育、中小学制度改革、农村教育、外国教育。第 19 期去掉"观点摘要""领导讲话""思路与决策"栏目，增加了"调研报告"栏目。这种栏目设置及调整的思路与基础教育改革的工作面较广、一个时期可能有一个或几个问题突出，而刊物必须予以重视有关，同时也与不同主编对刊发内容的价值取向不同有关；但是无论基教改革有多么大的发展、变化，刊物主编如何更换，《基础教育改革动态》始终坚持办刊宗旨，始终为成为基教改革的推动者、引领者而努力。也正因为如此，读者始终欢迎它。

2009 年教育管理杂志社领导换届，新领导要求编辑从调研入手，重新审视过往办刊经验，进一步确定好刊物的内容、组织形式及栏目设置。根据基教改革发展实际，《基础教育改革动态》确定基本栏目为：高端视点、最新动态、政策法规、政策解读、热点聚焦、一线关注、培训在线、局长言论、校长言论等。从组稿形式，编排规范，内容的时效性、针对性、引导性等方面作了明确规定。至此，《基础教育改革动态》以一种成熟刊物的形象面对读者，读者认为此时的《基础教育改革动态》是其历史上水平较高、质量较好、最具参考价值的。

一份刊物 17 年来换了几任主编和编辑，经历了图书馆工作人员兼职办刊到杂志社专业办刊，面对基教改革发展中难点、热点层出不穷，不断变化，《基础教育改革动态》一直存在并发展，办刊水平不断提升，刊物越来越被广大读者认可与喜欢。这其中重要原因是刊物最初的定位与办刊宗旨符合读者需求，并始终坚持如一，由此赢得了特定的读者群和他们的支持，发展成为全国基础教育行政部门和中小学校长喜爱的基教内参。

（二）同类刊物比较分析

《基础教育改革动态》与同类教育内刊相比，既有共同点也有不同点，正是由于这种既有区别又有共性的特点，刊物在发展中既呈现出优势又独具特色。

1. 共同点

第一，阅读对象的特定性。这与大多数教育动态类内刊一样，选择的动态信息是教育的某一领域，阅读对象是全国教育工作者中某一特定教育战线人群。

第二，办刊的目的、作用是通过动态性资料实现。教育动态性资料非常多，目的都是帮助教育工作者认识形势、掌握信息、推进工作或学习。因此，刊物内容主要选择时效性强的动态资料，促进读者提高认识、理清观点、更新思路、不断发展。

第三，动态资料选取于某一特定教育工作领域。如同教育培训类动态取"教育""培训"方面资料，教师教育类动态取"教师""教育"方面资料一样，《基础教育改革动态》主要选取"基础教育""改革"方面的资料。

2. 不同点

《基础教育改革动态》办刊17年间在征求读者意见的基础上，几经调整、改进，形成了独有的特点，获得读者认可、欢迎。有读者认为《基础教育改革动态》是基教管理者不可缺少的必备读物，对学习、工作有其他阅读物不可替代的作用。刊物独有的特点使其获得较强的生命力，促进其可持续发展。

第一，紧扣以动态资料推动基础教育改革发展的办刊宗旨。该刊组稿坚持选择与基础教育改革发展息息相关的最新资料，把这些资料分类编辑在"高端视点""政策法规""政策解读""热点聚焦""一线关注"等栏目，促进读者从动态性资料中提高认识、统一思想、明确任务、了解形势、交流实践，提高改革发展能力，进而推动基础教育改革发展，这与一些教育动态类内部刊物仅满足给读者提供动态信息，但其目的性、指向性不强是不同的。

第二，根据不同阶段基础教育改革发展任务的不同选择主题，推动基础教育战线阶段性工作。在基础教育领域，改革发展的新形势、新问题不时出现，刊物密切关注这些新的情况，及时组织相关资料，引导读者注意并交流认识与实践经验，达到推动基教阶段性工作的作用。与一些教育动态类内刊选取资料的随机性、忽略主题组稿相比，该刊具有更强的针对性、可读性。

第三，积极发挥教育部和国家教育行政学院的资源优势，既获得基础教育的第一手权威性资料，又获得来自基础教育一线的管理者最新的、鲜活的资料，使刊物的动态性资料既有极强的权威性、针对性的高端资料，又有生动反映改革发展一线的资料，给读者带来不同于一般的指导作用和交流的便利，这一点是许多同类动态性内刊难以具有的优势。

（三）网络信息的发展对办刊工作的影响

随着信息技术的迅速发展，多媒体、网络等在教育行政部门和中小学校普遍应用。很多基础教育的改革发展动态、教育部领导的讲话和教育部发布的政策文件，都第一时间在网络上发布。而期刊出版具有周期性长的特点，这就使得刊物刊发出的很多动态性资料时效性不强，影响了刊物对读者的吸引力。

但同时，我们注意到网络虽然给读者带来了便利，其提供的信息时效性强，但信息却显得零散，主题不突出；而且网络也不可能从众多尤其基层部门网络上获得有关主题的信息。针对这种情况，《基础教育改革动态》编辑们采取措施，尽量减少转引公开发表过的文章，对热点问题的新闻报道则广泛搜集资料，加以摘编并按照一定主题进行组织，最终以主题更为突出，更简洁、明确的内容呈献给读者。在搜集网络资料的同时，注重发掘基础教育一线改革发展的典型和对热点难点问题的看法、思考、思路及解决措施，开展专访报道，为读者提供耳目一新的、具有借鉴价值的观点与实践经验。

（四）可持续发展经验探析

《基础教育改革动态》不断强化质量意识，提高办刊质量，加强封面及栏目的设计和策划，突出特色，打造品牌，质量不断提升，社会影响力不断增强。其可持续发展得益于以下几方面：

1. 坚持正确的办刊思想

办好教育类内刊，关键是坚持正确、准确、稳定持久的办刊宗旨。《基础教育改革动态》尽管历经由不成熟到成熟的漫长过程，面临内部、外部不时出现的新问题、新困难，但是其能持续发展，发挥越来越明显的推进基础教育改革发展的作用，主要得益于始终坚持正确的办刊思想。正如创刊第1期的发刊词所说，"全心全意地为广大基教工作者和读者服务是创办《基础教育改革动态》的根本宗旨"。刊物要坚持"及时宣传贯彻党中央、国务院和国家教委关于基础教育改革和发展的方针、政策，指导全国基础教育工作，反映各省、自治区、直辖市基础教育改革的新动向，研究和探讨当前基础教育改革的难点和热点问题，加强基础教育改革的信息交流"。这个办刊宗旨的确立与坚持成为《基础教育改革动态》后来持续发展的动力与重要原因。

《基础教育改革动态》的办刊思想具体体现在：及时报道领导同志关于基础教育的最新讲话，充分发挥引领和指导作用；认真组织和选择专家稿件，帮助读者提高对新问题的认识与理解；发表教育部有关文件，使读者始终把握工作重点和工作部署；抓住基础教育改革发展中的热点问题，尤其是管理方面的热点问题，组织讨论，引起读者关注和思考，推动问题的解决；加大一线的组稿力度，积极反映一线教育改革发展的动态与经验，搭建互相交流的平台；选择教育局长在工作中的专题发言，使读者进一步了解基层领导的教改思路和工作观点，更好地做好工作；组织好基础教育动态的报道，使读者及时了解改革发展形势大局。

2. 坚决遵循办刊原则

《基础教育改革动态》历经几任主编、编辑，但始终坚决地遵循办刊原则不动摇，这也是刊物得以持续健康发展的重要原因。这些原则体现在：

第一，刊物必须主要反映教育部的工作思路和部署，教育部的最新工作动态，这样既对工作有准确指导，同时也体现刊物权威性的特点。第二，刊发教育部文件的同时，配发相关解读，以便读者准确理解与执行。第三，所选专家文章必须符合党和国家方针政策，符合教育改革发展实际，并在提升读者认识、推进工作方面确有意义。第四，必须把教育部对基础教育的基本指导思想和年度工作要点贯彻情况作为刊物主要内容贯穿全年办刊之中。第五，必须要坚持刊物贴近读者和内刊的特点，并持续体现在组稿和栏目设计上。第六，坚持审慎地组织热点问题讨论，要多角度、多深入，确实起到引导关注、思考，提高认识、解决问题的作用。第七，对领导讲话突出新精神，对热点问题讨论允许有不同看法和不同角度，增加一线教育厅局长的专题讲话发言和学员交流研讨问题的报道。第八，在校对方面，应坚持把版面上出现的标点间距、段落空格、署名位置等细微问题认真校验，直到准确无误为止。

3. 采取切实措施

17年的办刊实践证明，仅有明确的办刊宗旨、思想与原则并不能保证刊物办出水平，办得成功。而切实有效的措施才是《基础教育改革动态》不断提高质量，不断增强对读者吸引力并发挥作用的坚强保证。这些措施主要有：

第一，加强与教育部有关司局联系，及时掌握教育改革发展全局情况，工作进展中的主要问题，教育部的方针政策、工作思路与工作部署。第二，加强与国家教育行政学院在院学习学员的联系，及时了解一线工作实际情况和各级干部的真实困难与想法，把刊物办得有针对性、贴近性。第三，加强主题报道和专题报道的组织，更好地发挥刊物对重点工作的推动与热点问题解决的作用。第四，加强与读者联系，重视读者反馈意见，及时改进，把《基础教育改革动态》办成读者满意的刊物。第五，加强"编者按"的写作，帮助读者进一步关注和认识有关问题。第六，严格按照国家期刊工作要求改进编辑工作，为了使版面发挥引导阅读、提高阅读效果的作用，注重版面规范化与精细化。

总之，在办刊工作中要有为有位，坚持中心、主线、原则不能动摇，紧密地配合基教工作进展，及时调整每期主题，准确选择重点，以期把每一期刊物办活、对读者有益，充分发挥刊物推动基教改革发展的作用。这是《基础教育改革动态》成功发展的关键所在。

（五）存在问题与对策建议

1. 存在的问题

《基础教育改革动态》经过 17 年的发展，在全国基础教育战线有广泛的影响力。但是要使刊物可持续发展，必须继续重视并解决办刊工作中存在的问题，不断提高质量，满足读者新的需求。

《基础教育改革动态》在办刊工作中主要存在的问题有：一是约稿不顺利，在政策解读、热点讨论、一线实践等方面约稿较为困难；二是因为办刊人员少、任务重，所以很难坚持深入实践采访，这就使得刊物中独特的东西少，很多热点问题的反映仍主要靠资料摘编；三是刊物从组稿到出版印刷，再到读者手中的时间较长，这就造成刊物内容时效性较差，尤其是动态信息类方面的内容。

2. 对策建议

针对以上存在的问题，有以下建议：一是作为内刊，必然存在约稿的困难，比较可行的方法是把着力点放在国家教育行政学院在院学习和过往学习过的学员上，根据学员能力和所在部门、学校的工作特色，有重点、有针对性地进行约稿；二是提高办刊人员专业素质，通过组织参加相关培训，不断提高编辑能力，并积极提供到基层采访的机会；三是尽量缩短印刷、邮发的时间，对动态类的信息按主题编辑以突出针对性，利用资源广泛的优势编辑那些读者不易从网上看到的重要信息和一线信息，力求使读者更多关注相关活动、会议传达的新观点、新工作部署和方针政策。

《基础教育改革动态》坚持办刊宗旨、思想和原则，发挥教育部、国家教育行政学院及学院学员的资源优势，针对刊物对象多为基础教育管理部门领导的特点，通过有针对性地组稿编稿，引导和促进基础教育改革发展，在发挥刊物作用的同时，使刊物获得持续健康的发展。

二、《职业教育改革动态》

（一）办刊背景及定位

《职业教育改革动态》（半月刊）原名为《中职教育改革动态》，2010年7月26日经北京新闻出版局批准获得了准印证号，于2010年9月正式出版。为适应国家中高职协调发展的政策，于2011年8月改名为《职业教育改革动态》。

《职业教育改革动态》以其政策性、时效性、针对性强的特点，及时反映职业教育改革发展的前沿动态，以期成为职业教育管理干部和职业院校校长案头必备的工作参考，为促进我国职业教育的改革与发展，服务教育部工作和国家教育行政学院的培训工作发挥积极的作用。

1. 办刊背景

近年来，国家大力发展职业教育，《职业教育改革动态》的创办，贯彻落实了国家职业教育发展战略，配合了教育部重点工作，服务了国家教育干部的培训工作，为职业教育管理干部搭建了相互交流的平台。

第一，贯彻落实国家教育发展战略。党中央、国务院高度重视职业教育，近年来出台了一系列重大政策措施，职业教育改革发展的思路更加清晰，职业教育取得了重大进展。但就总体而言，职业教育仍面临着巨大的困难。2010年7月颁布的《教育规划纲要》和召开的全国教育工作会议均强调指出，发展职业教育是推动经济发展、促进就业、改善民生、解决"三农"问题的重要途径，是缓解劳动力供求结构矛盾的关键环节，必须摆在更加突出的位置，要切实做好职业教育改革和发展的各项工作，推动职业教育实现又好又快发展。《职业教育改革动态》的创办正是为更好地贯彻执行全国教育工作会议与《教育规划纲要》关于职业教育改革发展的部署，着力为党和国家关于职业教育的方针、政策作好舆论宣传，为广大职业教育管理者和职业院校校长提供最直接、最权威、最及时的政策指导和信息服务。

第二，配合教育部重点工作。职业教育是我国教育体系中的一大类型，中等职业教育占到了高中阶段教育的一半，高等职业教育也占了高等教育的半壁江山，因此职业教育的改革发展是教育部重要工作重点。近年来，教育部关于职业教育的改革发展方向和目标不断明确，教育部领导牵头开展职业教育重点难点问题的调研工作，在职业教育的会议中都作了富有研究性、探讨性的重要讲话。自2010年以来，教育部集中出台了一系列关于职业教育的重要政策和工作部署，完善职业教育国家制度，为职教健康发展创造良好的制度环境。《职业教育改革动态》的创刊也正是为更好地做好职业教育方针政策的宣传、解读和咨询工作，更好地配合教育部重点工作。

第三，服务教育干训工作。国家教育行政学院作为国家级教育干部培训基地，每年也承担着对职教行政管理干部和职业院校校长的培训工作。近年来，教育部加强了对职业院校校长的培训，自2009年底以来已经培训了2000多所国家重点职业院校的校级领导，通过高层次、高水平的集中培训，为职业教育战线培养了一支素质优良、作风过硬的干部队伍，有力地推动了职业教育改革与发展。《职业教育改革动态》充分利用国家教育行政学院教育干部培训基地的资源优势，能够及时了解职教一线改革发展形势、动态，积极刊登职业教育的最新理论观点、热点难点问题，为职业教育干部的后续培训提供良好渠道。

第四，为职业教育管理者、工作者搭建互相交流的平台。当前，我国职业教育发展中还存在一些问题，各地各校发展水平差距很大。为利于各地各校的互相交流、借鉴，促进职业教育改革发展，《职业教育发展动态》注重宣传各地各校职业教育改革发展的新举措、新经验和新的工作思路，大力推出各地教改的新典型，并按照各地经济社会发展水平的不同，分类指导各地办学实践，促进教育部与职业教育一线管理者、工作者之间的沟通、交流，搭建职业院校办学经验、改革创新举措交流互动的平台。

2. 办刊定位

围绕为广大职业教育管理者服务的办刊宗旨，《职业教育改革动态》致力于搭建职业教育政策宣传、解读和职教改革发展经验交流的平台。该刊坚持以贯彻落实国家职业教育方针政策、配合教育部职业教育工作重点、服务职业教育管理干部和职业院校校长为重点，及时刊登中央和教育部领导对职业教育的重要指示、职业教育的最新政策和最新资讯，着力宣传各地、各职业院校改革发展的新举措，为广大职业教育管理干部、职业院校校长的科学决策和改革实践提供最直接、最权威、最及时的政策指导和信息服务，搭建职业院校交流互动的桥梁。

（二）办刊特点

1. 编辑思想

《职业教育改革动态》总的编辑思想是在选题策划、约稿选稿上，抓住热点、突出重点，促进职业教育改革发展。重点是按照国家和教育部职业教育发展战略，全面落实《教育规划纲要》关于职业教育改革发展的各项要求，关注教育部年度职业教育工作重点；关注影响职业教育发展的重要问题，并积极寻求改革创新案例，促进问题的突破；关注农村和西部职业教育的发展、职教师资队伍建设和在以提高质量为核心，推进改革创新和加强建设的职教发展方向指导下，各地、各职业院校内涵建设情况；宣传、营造良好的职业教育发展环境。

2. 栏目设置

《职业教育改革动态》开设的主要栏目有：高端视点、政策文件、政策解读、专家建言、热点关注、创新探索、校长视点、培训在线、最新动态、国外教育、质量评估等。

"高端视点"刊登中央和教育部领导有关职业教育的重要讲话；"政策文件"刊登国家关于职业教育的最新政策文件；"政策解读"刊登职业教育政策文件制定部门就政策制定的目的、内容、实施等方面的解读；"专家建言"刊登专家学者对职业教育改革发展中重要问题的看法、建言；"热点关注"着力宣传近期职业教育改革发展中，大家关注的焦点问题，或者有影响的实践创新点；"创新探索"重点宣传各地各校办学实践中的改革创新点；"校长视点"刊登职业院校校长们针对职教热点难点问题而进行的思考和提出的政策建议；"培训在线"第一时间反映国家教育行政学院有关职业教育管理干部和职业院校校长培训班的培训动态、培训成果；"最新动态"刊登最新的全国性的职教会议、活动和各地最新的改革举措；"国外教育"刊登职业教育发达国家的相关政策、职业教育发展特色和最新动态等；"质量评估"专门刊登关于职业院校教学质量保障实践与思考的文章。

针对以上栏目设置，围绕《教育规划纲要》的贯彻落实和教育部有关职业教育工作的重点，有重点地开展编辑工作，提高办刊质量，增强影响力。

3. 编辑工作重点

第一，在策划组稿上，重点关注职业教育改革发展的热点难点问题和各地各校改革发展动态。遵循办刊宗旨，贯彻落实《教育规划纲要》，配合教育部工作，对职教工作者关注的热点问题重点报道，组织专题文章，启发职教工作者深入思考。关注职教发展的最新形势、各地职教发展最新情况，及时报道职教改革发展的最新举措、经验，积极推出各地各校改革发展新典型，搭建职业院校经验交流互动的平台。重视对一线职业院校改革发展实践的报道，重点关注以下几方面：职业院校发展规划、学校内涵建设（职业院校在教师队伍建设、学科专业建设、教学改革、学校管理等方面的改革发展举措、经验）、学生综合素质培养（职业院校在学生德育、专业技能培养方面的改革创新举措）、职业培训（职业院校面向社会人员开展的职业培训的措施、经验），以及职业教育工作者对职教改革发展的政策建议。

第二，打造特色栏目，提升刊物品质。为更好发挥刊物内部交流的作用，该刊着力打造"热点关注""创新探索""校长视点"三个栏目，及时报道职教热点问题，及时宣传各地各校改革发展中的创新点，及时反映基层校长的声音，真正搭建学习、交流、互动的平台。

第三，加大约稿力度。充分利用国家教育行政学院举办职业教育领导的相关培训班机会，参与班级研讨，获取各地职教发展动态和职教管理者关于职教发展的政策建议，并根据刊物每期专题向职教专家、管理者、校长约稿，力求从不同角度反映职教改革发展的问题，提供解决办法，使刊物成为校长们案头必备的工作参考。

4. 刊物内容上，每期按专题组稿，内容力求针对性、时效性强

《教育规划纲要》对职业教育近 10 年的发展进行了战略部署，国家出台的一系列职业教育最新的政策文件，完善了职业教育制度，为职业教育发展指明了方向。因此，该刊重点围绕《教育规划纲要》和职业教育最新政策中关于职教改革发展提出的目标任务、重点工作组稿。每期按专题组织文章，自创刊以来，已经组织了职校德育工作、课程改革、办学模式改革、职业教育经费投入与经费管理、职业教育制度建设、学

校管理、校企合作、校园文化建设、县域职教发展、师资队伍建设、中高职协调发展、招生就业工作、农村职教发展、《职业教育法》修订、职业教育体系建设等专题，并围绕这些专题设置了领导讲话、政策文件、专家建言和创新探索等栏目，刊登了相关方面的文章。通过每期组织专题和设置特色栏目，刊物内容的针对性得到加强，已经成为教育部职业教育信息宣传平台，成为职业院校改革创新、经验交流的重要平台，成为学校领导办学治校的重要参考。

为保证刊物内容的时效性，刊物重点刊登职教改革发展最新动态、热点问题，主要体现在以下方面：一是报道职业教育战线近期召开的重要会议、举办的相关活动；二是报道各地最新改革举措；三是及时关注职业教育的最新热点问题。通过对职教改革发展的最新动态和热点问题的报道，增强了刊物时效性和工作参考性。很多职业院校校长高度评价刊物，指出刊物时效性、实用性强，有力地促进了职业院校工作。

《职业教育改革动态》以科学发展观为指导，以贯彻落实全国教育工作会议精神和《教育规划纲要》为重点，以服务教育事业改革发展大局、服务教育部重点工作和国家教育行政学院培训事业为工作中心，已经起到了政策引领、专家指导、经验交流的作用，质量不断提升，社会影响力持续增强，受到读者肯定与好评。

（三）同类刊物比较分析

与《职业教育改革动态》一样属于职业教育类的内部刊物有很多，它们主要由职业院校、地方教育行政部门和职业教育学会、研究会等创办。它们与该刊相比，既有很多相同点，也有其独有的特色。共同点方面，比如传达中央、教育部领导关于职教改革发展的指示，报道全国范围内的职业教育工作会议、活动和职教改革发展探索等。当然它们也有一些优势，对《职业教育改革动态》在一定程度上产生冲击。它们所具有的优势主要集中在以下几点：

1. 刊物内容针对性强

很多职业院校的内刊或者学会的内刊主要是服务于学校或学会等小范围的职教群体，对内部改革发展动态报道及时，对地方性的职业教育改革发展的热点难点关注度高，反映及时，因此其内容针对性强。《职业教育改革动态》面向全国职业教育战线，在所刊内容的选择上存在大而广的问题，往往顾此失彼，针对性并不凸显。

2. 服务范围集中、内容有特色

职业院校的内刊或者地方教育行政部门的内刊，读者范围清晰，服务对象明确，办刊定位准确，所刊内容相对集中，编辑的工作任务清楚，能集中精力做好相关工作，满足读者需求。编辑针对几点问题深度挖掘，所刊内容很有深度，从而解决问题的能力就强。同时，职业教育是与经济社会发展联系最为紧密的一类教育，各地经济发展情况的不同决定了职业教育发展水平的不同，某些地区职业教育的突出问题、成功经验并不适合其他地区。所以，《职业教育改革动态》虽然办刊上有自己的特色，定位高、内容宏观，每期主题鲜明，但是相对于只服务特定读者的刊物来说，会有欠缺。

其他同类内刊的优势在一定程度上对《职业教育改革动态》产生冲击。正是如此，《职业教育改革动态》只有在办刊过程中积极探索，不断改进办刊思路，科学组稿，增强对职业教育发展的个性问题的关注，形成自己独有的特色，办成既适合全国职教战线的需要，又能满足个别地区需要的内部参考，才能形成品牌，实现可持续发展。

(四) 网络发展对办刊工作的影响

网络信息的发展给纸质媒体带来了巨大冲击，信息第一时间在网络上发布，使纸质媒体措手不及。《职业教育改革动态》作为内部资料性刊物，更是感到网络信息发展的巨大影响。上至中央政府、教育部，下至各省各地职成处科、职教学会协会、职业院校等都有自己的网站。除此之外，国内还有很多综合性的职教网站，如中国职业教育与成人教育网、中国高职高专教育网、中国职业教育信息资源网等，还有很多专业性职业教育网站，如全国职业院校技能大赛官方网站、中国职业教育教师培训网、中等职业学校校长培训网等。网站能第一时间公布关于职业教育的政策、职教改革发展的动态、各地各校发展举措，而且能及时转载权威报刊刊登的专家文章等。而刊物作为教育类内刊，需要信息的专业性、严肃性，从编辑们选择稿件、编发稿件到副主编、主编的审稿，再到印刷厂的印制，已经足有近一个月的时间，再等寄到读者手中，有些内容可能已经滞后近两个月了。作为内部刊物，刊中有些内容也是通过摘编报刊而来的，所以刊物到读者手中时已经相当于过刊了，只能方便读者日后翻阅。因此，期刊出版的时效受到了巨大冲击，这就给刊物的发展带来了不利影响。

当然，网络信息的发展对期刊带来的并不全是不利影响，网络环境的形成同时也为期刊的发展创造了机遇，为期刊的编辑出版工作提供了多角度的便利。网络技术的普及和应用使期刊编辑、出版的工作方式发生了变革，赋予了编辑工作更多更新的内容：充足的信息量为编辑制订工作计划创造了良好的环境；信息的开放与全面使编辑可以及时准确地组稿，编辑还可利用网络通信工具及时与作者联系，方便稿件的退修；对于印刷出版，网络信息技术使编辑部和印刷厂之间数据传递随时畅通；为期刊网上发行渠道的开通提供了平台；同时也拓宽了读者反馈的途径。

因此，在网络信息迅速发展的环境下，如何积极利用有利条件，克服不利条件值得我们研究思考，如何在信息爆炸、信息迅速传播的情况下，使《职业教育改革动态》更好地服务于广大职业教育工作者，提高刊物的针对性需要认真研究。我们认为，尽量减少从网站、报刊摘编内容，着重挖掘一线经验，增加刊物的独家采访和约稿的文章，是刊物可持续发展的关键。

（五）存在的问题及对策建议

1. 存在的问题

《职业教育改革动态》创刊仅两年，起步晚，经验少，社会影响力还很有限，刊物内容还需要不断丰富完善，质量还需要提升。

目前办刊中存在的最主要问题是，作者的主动投稿几乎没有，一手稿件非常缺乏。《职业教育改革动态》作为内刊，而且刚刚起步，很多职业教育工作者不知道，更不用说投稿。而且，在学术科研成果的评价上，有些地方教育主管部门、人事部门规定，教师、科研人员无论是评职称还是年度考核，只有在公开刊物上发表的论文才予以承认或评分，这更是大大降低了职教工作者投稿的积极性，甚至编辑针对职教研究人员、校长的主动约稿也常常效果很差。

2. 对策建议

第一，不断提高刊物质量。一是编辑要加深对职教理论、政策的理解，准确把握职教改革发展方向；二是刊物每期要紧紧围绕专题组织文章，真正做到所选文章能全方位反映问题，达到引导、启迪职教工作者的目的；三是提高编辑自身科研能力，能对职教问题形成自己的看法，能对各地各校的职教改革发展情况作出评论，甚至能指导职教改革发展实践。

第二，改进约稿方式，增加访谈文章比例。针对刊物的自然来稿寥寥无几的现状，编辑必须主动出击，有针对性地约稿，并着力改进约稿方式，增加约稿的成功率。同时，不断增加访谈文章比例，增强刊物影响力。

第三，维护并壮大作者、读者队伍，与他们主动沟通，对其反映的问题、提出的建议及时回应，满足作者、读者需求。

总之，《职业教育改革动态》在办刊中将一如既往地宣传职业教育政策、追踪职教改革发展动态，满足读者需求，办出高质量、受欢迎的刊物。

三、《高教领导参考》

（一）办刊定位及发展历程

1. 办刊定位

《高教领导参考》（半月刊）是由教育部主管、国家教育行政学院主办，面向全国教育行政领导、高校领导及高等教育研究者的内部参考。自 1993 年创办以来，以其政策性强、时效性强、针对性强、信息量大的鲜明特色，深受广大高教领导和研究人员的认同与欢迎。《高教领导参考》紧紧围绕国家对于高等教育改革发展的方针政策，密切配合教育部关于高教的工作要点，服务于高教发展、改革、创新的大局，积极诠释高等教育方面的相关政策法规，介绍高校改革、创新经验，为高校和教育行政部门提供学习与工作的交流平台。

办刊宗旨：通过刊物交流高教改革发展的信息，研究高教改革发展问题，进而推动高教的改革发展。具体体现在：充分发挥教育部和国家教育行政学院信息资源的优势，第一时间刊发中央和教育部领导的重要讲话以及高教方面的重要信息；权威解读高等教育的政策文件，推广和交流高校管理及办学的成功经验，特别注重宣传高教改革发展的新举措、新经验和新体会；及时组织高教领域热点、难点问题的研讨、交流；密切关注国内外高等教育发展的新动向、新趋势。

2. 发展历程

《高教领导参考》之所以办刊近 20 年始终受读者欢迎，其中一个重要原因是刊物紧紧围绕国家对于高等教育改革与发展的方针政策，密切配合教育部关于高教的工作要点，及时调整刊物内容，使刊物一以贯之地服务于高教发展和改革、创新大局。

以下通过《高教领导参考》近 20 年来所刊登的内容与栏目调整介绍其发展历程。

《高教领导参考》创刊之年第 2 期的内容有：湖北大学改革与发展纲要、对外经贸大学深化管理改革方案和实施意见、高校领导进修班与高校中青年干部培训班学员提出的加快高教改革和发展的建议以及《高教领导参考》第 3 期内容简介。刊物创刊之初不设置栏目，内容是转刊一些高校有关文件。当时高校开始"改革开放"，但如何改、改什么等问题，许多高校并不十分清楚、思想还不统一。在这种情况下，高校很需要了解兄弟学校尤其是"先行"一步的学校如何改革以及改革的经验。《高教领导参考》发挥国家教育行政学院举办高校领导干部研修班的资源优势，从一些学校获取了其改革发展的有关文件与实践经验，刊登出来供更多高校参考、借鉴，这在当时深受高校领导欢迎。

总的来看，当时的《高教领导参考》是把一些高校的改革方案与实践经验拿出来给全国高校共享，这其中有综合性改革的文件，也有某些方面单项的改革文件与实践经验。这种编辑形式，几乎持续了一年。当时刊物由国家教育行政学院几位从没有涉足编辑工作的教员组成编辑部承担编辑工作，由此出现了许多不规范问题。如：封面上目录的字体字号常常不统一；封底没有起码的刊物编辑部联系信息；甚至刊物的页码也随意改变，如第 2 期、第 3 期是 40 页，第 4 期是 52 页，第 5 期是 35 页，第 6 期是 44 页，第 7 期是 32 页，第 8 期是 39 页，第 9 期是 48 页，第 10 期是 32 页……但是当时刊物广受高教领导关注、欢迎，并乐于投稿，其原因除了刊物有教育部、国家教育行政学院背景之外，内容贴近高教工作需求也是重要原因。

随着高教改革形势的发展，以及编辑工作的不断规范，《高教领导参考》作为一份刊物的"模样"渐渐明晰起来。1994 年刊物统一为每期 62 页，封面封底形式固定，并进行了简单的设计、美化。这与当年国家教育行政学院成立的教育管理杂志社统一负责《高教领导参考》的编辑工作有很大关系。

1994 年第 1 期《高教领导参考》所刊内容有：韦钰同志在全国高校科研产业工作会议上的报告、南京大学抓住关键校办产业战绩显著、北京大学发扬传统优势积极进行教学改革、北京农业大学改革综合计划、四川大学采取多种措施开创青年教师队伍建设新局面、湘潭大学关于加强教师队伍建设的几条措施、西北农业大学关于设置推广型教师职务的规定、西南工学院贯彻《纲要》精神走联合办学道路、学习收获摘录。此时，刊物仍不设置栏目。

从以上内容可以看出《高教领导参考》已经能注意到把教育部方针政策之下高校的有关工作实践结合在一起形成主题报道（1994 年第 1 期即突出教师队伍建设主题）。把同一主题的相关内容编排在一起，与零散的、随机选用的稿件相比，在编辑水平和编排思想上已经有所提高。

1995 年《高教领导参考》继续改进办刊工作，全年每期刊物统一为 36 页，由月刊改为半月刊。内容上也有所调整。为配合高校领导学习、把握有关方针政策，增加了教育部职能司领导的讲话文章；增加了高校实践经验文章。同时注意在每期内容上突出某几项高教工作主题。

1995 年第 1 期《高教领导参考》所刊内容有：加强高校师资队伍建设迎接新世纪的挑战、北京科技大学关于破格晋升高级职务的暂行规定、青岛海洋大学教师高级职务岗位设置实施意见、云南师大选拔培养学科带头人和骨干教师的做法和体会、哈尔滨工业大学促进专业技术职务评聘工作健康发展、南开大学培养跨世纪优秀教师队伍、北京航空航天大学师资队伍现状及建设措施。他们的文章有的从宏观上论述了高校师资队伍建设的重要性和相关方针政策，有的谈了云南师大的实践与经验等等，这些都是其他刊物以往没有发表过的新内容。这些文章的发表使刊物较深入地贴近了高校师资队伍建设的工作实际，为读者起到很好的引导、借鉴作用。

1995 年第 18 期《高教领导参考》，增加了高校领导的讲话文章。如南京医科大学许新东副校长谈大学生身心健康问题。1995 年 19 期《高教领导参考》，除了教育部领导谈宏观方针政策、形势的讲话之外，又增加有关司局领导就具体工作发表的言论。如教育部高教司周远清司长关于加强学风建设抓好考试管理工作的讲话。1995 年第 21 期《高教领导参考》，增加由教育部外事司提供的外国教育内容。如美国高等教育经费筹措渠道。1996 年以后，连续数年，《高教领导参考》每期刊发一篇外国教育文章，材料均由教育部外事司派驻国外使领馆教育处同志提供。通过增加这一内容，使高校在改革中对国外教育经验有了了解和借鉴。

2000 年教育管理杂志社领导换届，《高教领导参考》的编辑工作有了较大调整。刊物开始设置栏目，封面开始刊登要目；页码定为 40 页，有利于印刷时纸张切割。当时确定的栏目有：重要信息、领导论谈、规章制度、工作实践、高职教育、高校简讯、外国教育、读者来信。

在具体运作中，发现高校工作热点不断变化，因此又采取了在基本栏目稳定的基础上，灵活增减栏目以适应高教领域读者的要求。例如，2001 年第 1 期栏目为：重要信息、改革方案、规章制度、工作实践、高职教育、高校简讯、外国教育；第 2 期栏目把"改革方案"改为"改革前沿"，其他栏目与第 1 期相同；第 5 期增加了"民办高校"栏目，减掉了"改革前沿"和"工作实践"栏目；第 7 期又增加了"咨询会专稿"栏目，减掉"改革前沿"栏目；第 8 期恢复"改革方案"栏目；第 10 期增加"研究报告"和"热点透析"栏目；第 12 期增加"一线调研""高职教育""教改范例"栏目。

2002 年第 1 期增加"党建工作"栏目，第 3 期增加"工作思路"栏目。

此后，《高教领导参考》的栏目设置一直在几个基本栏目基础上结合重点工作的需要，时增时减。

2005 年《高教领导参考》调整栏目设置，把基本栏目定为：新视点、改革法规、学校规章、改革方案、党建工作、工作思路、改革前沿、学科建设、调研报告、国外教育。此后，第 2 期又作了调整，基本栏目确定为：短信点击、政策法规、领导讲话、学校规章、编辑之语、党建工作、队伍建设、教学改革、考察报告；第4期增加"高教论坛""人才培养"栏目；第8期增加"科研工作"栏目；第13期增加"依法治校"栏目；第16期增加"本刊专讯""校友访谈"栏目；第20期增加"教师教育"栏目。

纵观这一时期《高教领导参考》内容和栏目设置调整，一方面表现出刊物十分重视高教领域的工作实际，希望按照读者要求尽量反映高教工作方方面面的动态和经验，尽量满足高教战线读者多方面的需求。另一方面也表现出栏目的不稳定，栏目过于具体、琐碎地对应高教工作而产生了随机性大的缺点。这种情况基本延续到2009年。但是因为《高教领导参考》始终坚持与高教一线工作贴近，努力紧跟高教工作的新进展、新形势，所以这个刊物在内容上尽管经常调整重点、主题，在栏目上经常变换，却依然能得到读者的欢迎。

但是，这种反映内容的方式缺乏对高教重点工作的持续关注和深入研讨，设置栏目的多变与频繁调整则不利于编辑组稿和读者投稿，高教领域的重点工作、高教领导的学习工作重点容易被忽视或不够突出。

鉴于这种情况，2009年杂志社新一届领导班子发动编辑在广泛征求读者意见和调研的基础上，重新确定《高教领导参考》的栏目。最终确定基本栏目为：特别关注、政策法规、政策解读、改革前沿、高校管理、人才培养、队伍建设、热点聚焦、创新探索、治校方略。在这几个栏目的框架内组稿，组织报道。同时在某些阶段注意突出某些方面的主题，例如：学习《教育规划纲要》、贯彻落实《教育规划纲要》、开展创先争优活动、认真解决毕业生就业问题、做好新建本科院校科学发展规划等。这就保证了刊物内容有相对持续的针对性，保持了刊物内容与高教工作始终如一的紧密结合。

《高教领导参考》近20年的办刊历程表明，作为教育类内参刊物得以存在发展，关键在于刊物内容必须满足读者需要。《高教领导参考》始终坚持"快捷传递高等教育最新政策与信息，广泛交流高校改革最新举措与经验，大力推出高教改革成功模式与范例，及时报道国内外高教最新进展与趋势"，使刊物的内容与读者学习、工作实际息息相关，是刊物近20年来具有旺盛生命力、深得高教领域读者持久关注与喜爱的重要原因，也是刊物持续发展的重要原因。这也说明，尽管在刊物发展中，出现这样或那样的问题，但只要办刊主旨鲜明并得以坚持，刊物便会受到读者欢迎。

（二）同类刊物比较分析

《高教领导参考》的同类刊物主要是与高教相关的教育学会、协会的内刊。同为教育类内刊，在刊物内容和服务范围上有一些重合和交叉，有一些共同点和不同点。

1. 共同点

第一，刊物的阅读对象特定、专一。以高等教育系统阅读对象的工作、学习参考为着眼点，组织、编辑相关资料。《高教领导参考》的阅读对象是高教管理部门、高等院校的党政领导。刊物内容是供阅读对象工作、学习参考的有关资料，是针对高教改革发展不同阶段特定的形势、任务、问题进行编辑。例如，同样是面向教育管理者的内部参考刊物，《高教领导参考》的内容着眼于高教管理者面临的高教形势、任务和问题，而高等教育培训、大学课程教材方面的内部参考则是着眼于高等教育培训工作以及课程教材改革的形势、任务和问题。

第二，刊物的编辑形式朴实、简单。教育类内部参考，尤其是高等教育内部参考资料，因其读者对象的特点和需求均很严谨、严肃，因此，不追求形式上的活泼，而追求资料的准确性、严谨性和权威性。在排版中往往只有目录、标题、正文选择不同字体、字号，也无插图、尾花等修饰物。

2. 不同点

《高教领导参考》在办刊思路、办刊资源和刊物内容上与同类刊物相比更具有宏观性、权威性，这也体现出了刊物的核心竞争力。

第一，与教育部的工作思路、部署、方针政策紧密配合，体现了极强的权威性、针对性和准确性，正确引导了高教领导者的学习、认识和工作路径。这与某些高等教育内参期刊缺乏编辑主线、零散报道相比较，具有了更明确的指导作用。当然如考古教育类、金融教育类的内参虽也是面向高校读者，但其参考作用侧重于普及知识、传递信息，也不必一概而论。

第二，发挥国家教育行政学院培训高教部门、高校领导干部的资源优势，从来学院学习的高教领导和高校领导者处获取了最新的管理资料和问题研究资料，对高教工作者交流工作有特殊的便利之处。因此，较之其他同类参考期刊具有一定优越性。

第三，坚持分栏目、按主题组织资料。《高教领导参考》根据高教改革发展中遇到的重大问题与重要工作划分相关栏目，有主题地组织每期刊物内容。实践证明，对高教这种涉及工作方面较多、问题较多的行业，参考类内刊以分栏目分主题组织资料更便于阅读者关注和交流。现在很多参考类内刊不分栏目，不以主题组织资料，就显得内容零散，不适合高教领导干部参考。

（三）网络信息发展对办刊工作的影响

《高教领导参考》自创刊以来，在宣传高教改革创新经验、树立改革发展典型、推动高等教育质量提升方面作出了贡献。随着知识经济的发展和现代信息、网络、通信等技术的不断进步，我国的网络环境得到了很大的改善，计算机技术在社会生活的各个领域得到了广泛的应用。特别是进入 21 世纪之后，网络技术日益发达，我国教育管理领域基本上实现了信息的网络化，高等教育行政管理部门、高校都开设了自己的网站，宣传高教方针政策、改革发展措施和报道自身的工作实践进展情况。《高教领导参考》具有定期、连续、固定的出版特点，加之具有严格的国家期刊管理制度，这就给刊物发展带来一定的影响。

面对网络信息的发展现实，办好《高教领导参考》必须做到以下几点：一是不能简单地从网络上转载信息，以免读者因重复阅读而失去阅读兴趣；二是不刊发一般性的工作实践文章，以免因文章的肤浅而使读者失去阅读的专注；三是不刊发与高教当前重点工作关系不大的文章，以免失去对读者的吸引力。同时，我们要看到网络也为增强刊物影响力提供了更好的条件，对刊物的质量和编辑素质提出了更高的要求：要求刊物内容必须站在高等教育改革发展的最前沿，刊登的文章必须能够反映我国高等教育改革发展现状，同时其内容要保证最大限度的准确性；要求期刊编辑人员具有敏锐的信息意识、较快的知识更新速度和现代化的编辑工作能力。编辑持续关注网上关于高等教育改革发展的宣传报道，抓住我国高等教育改革发展的前沿动态，挖掘改革发展的典型，加大约稿力度，这就可以变网络对办刊的不利影响为有利支持。

（四）可持续发展经验探析

《高教领导参考》实现可持续发展得益于坚持正确的办刊方向，紧紧追随高教改革发展的步伐，努力在办刊内容上不断锤炼，以权威性的方针政策资料和鲜活的第一线改革创新的资料促进高等教育改革与发展。坚持围绕高教领导关心的热点难点问题进行组稿，加强了栏目设计与选题策划，加大了对不同层次、不同类型的高校领导的约稿力度，向高校管理者提供最新的动态信息。

1. 坚持正确的办刊思路

在高等教育迅速发展的过程中，高教管理工作者面临着许多共同性的问题和矛盾，因此各高教部门及高校之间相互学习、相互借鉴非常重要。《高教领导参考》一直承担着为高教部门及高校之间搭建交流平台的任务，及时反映高教部门与高等院校在工作过程中对问题的看法、研究、经验和做法，在始终关注高教改革发展前沿动态的基础上，通过加大约稿力度，更多地刊载来自高教一线的最新资料，不定期地刊发访谈稿件和调研报告；着重介绍高教改革发展过程中涌现出的具有引领方向的新思路、新举措以及典型经验，为高教部门与高校的建设和发展开启思路，提供改革的参照和发展的模本。

2. 着力提高刊物质量

第一，加大约稿力度，提高稿源质量。提高稿源质量对于提高办刊质量、办刊品位具有重要作用。因此，必须加强与教育部各部门、各级高教管理部门和各高校的联系，及时获取关于高教方面的最新政策、最新理念、最新举措的动态信息。另外，加强与国家教育行政学院培训部门的联系，及时获得学院各种高等教育培训班的最新动态，并将学员的研究、探索成果快捷地反映到刊物中。此外，对学员领导干部进行访谈，直接快速地获得高教领导在高教改革发展过程中的新思考、新理念、新做法。

第二，打造特色栏目，丰富刊物内容，提升质量。《高教领导参考》开设的栏目有：特别关注，重点刊发教育部领导对我国高等教育改革与发展相关政策、方向等的解读以及相关活动的讲话；校长视点，刊发高校校长对高校改革与发展的政策解读，介绍办学新思路、新观点；高教快讯，反映高教领域在改革发展中的新举措；高校探索，介绍高校在办学过程中的新实践、新措施；培训在线，关注国家教育行政学院各类高等教育领导培训班的最新动态；人才培养，关注高校在人才培养方面的探索和实践；招生就业，介绍高校当前在招生和就业方面的新计划、新举措；国外教育，介绍国外高等教育的改革实践。

3. 有效整合办刊资源

《高教领导参考》在及时刊登教育部领导重要讲话以及高教政策方面的重要信息，及时跟踪国外高等教育发展最新动态的基础上，加强了与教育部有关司局和驻外使领馆教育处的联系，及时将有关方针政策、工作部署及国外高教的动态信息反映到刊物中；同时加强与国家教育行政学院培训部门的联系，将学院的培训信息及时地反映到刊物中；加强与全国高等教育管理专业委员会等专业学会及多家高教研究所的联系，及时整理摘编最新高教研究成果；将当前高等教育实践领域内的热点问题的研究探讨及时反映到刊物中。

总之，坚持正确办刊宗旨与办刊思想，坚持把提高刊物质量放在编辑学习、工作的重要位置，发挥刊物的资源优势，有效整合办刊资源，是《高教领导参考》持续发展的重要因素。

（五）存在问题及对策建议

《高教领导参考》办刊近 20 年，在办刊中形成了自己的品牌，在高等教育界具有权威性和较强的影响力。随着信息传播媒介的发展和高教改革发展热点的不断变化，《高教领导参考》当前存在以下问题：一是在网络媒体的冲击下，刊物的时效性不突出，很多内容比网络发布迟滞一段时间；二是高等教育改革发展的热点不断更新，在刊物追逐热点问题的同时，忽略了影响高教改革发展的深层次问题；三是在当前内外因素作用下，保持一支稳定、专业的高教领域的编辑队伍有较大难度。

为了刊物的可持续发展，更好发挥作用，《高教领导参考》必须进一步明确办刊思路，理清工作重点；加强内容及栏目的策划，突出内刊特色，打造期刊品牌。具体要努力做到以下几点：一是深入一线触摸高教改革发展的脉动，发掘高教改革发展的典型，加大采编、约稿力度，发挥参考类内刊的优势特点，走特色内刊发展之路；二是开展对高教理论的研究，在高教改革发展理论的指导下，认清高教问题实质，反映高教深层次的改革发展问题，引领高教改革的舆论导向；三是调动各方面积极性，努力建设一支专业素质高、稳定的高教参考类内刊编辑队伍。

后　记
——偏爱满纸皆佳妙 瑞露高枝起华章

　　作为从事教育类期刊编辑、出版、发行的理论工作者与实践工作者，欣然提笔，共同研究、探讨教育类期刊可持续发展的理论问题是我们共同的夙愿！

　　教育类期刊在适应新闻媒体迅速变革的同时，如何才能做到紧跟教育事业发展步伐，及时反映社会经济、政治、科技、文化、国际交流合作的新趋势，并对其长远发展作出战略规划，是一个非常值得研究的前瞻性课题。

　　在学术研究的过程中，找准问题的症结所在是研究工作成功的第一步。本书首先对教育类期刊生存、发展的有利因素与制约其发展的不利因素进行了深入系统的分析。一是教育事业的不断改革创新与持续发展，需要教育类期刊为其作全面、正确的舆论宣传，这是教育类期刊存在、发展的大前提；二是教育科学的不断发展与学术争鸣，需要有高质量的教育类期刊为广大学者和教育一线工作者提供学术交流的平台；三是建设社会主义文化强国战略目标的提出，为教育类期刊的繁荣与发展带来了新的契机。

　　在分析有利因素的同时，我们还清晰地认识到，目前教育类期刊面临着严峻的挑战，如果不正确对待，可能会影响和制约教育类期刊的长远发展。一是教育类期刊作为行业性期刊，其受众群体受一定限制，而且这一群体的学历层次与理论素养水平比较高，教育类期刊想保有和扩大受众范围并非易事；二是在科学技术飞速发展的今天，信息网络已深入人们工作、生活的方方面面，作为传统出版物的纸质教育类期刊，其生存空间面临着被挤占的危险；三是教育类期刊参与市场竞争的能力不强，而且管理体制、运行机制、经营方式也比较落后。

针对上述期刊发展的机遇与挑战，我们认为，教育类期刊要实现可持续发展，可以在以下几个方面进行思考。

第一，在指导思想上，毋庸置疑，教育类期刊不仅仅是教育科学和教育事业发展的展示窗口和传播平台，还具有更重要的社会使命。一是引领教育工作者和研究者明确目标方向；二是宣传国家教育大政方针，为教育事业和全民族的战略发展营造良好的舆论氛围；三是肩负着开展学术争鸣、学术探讨，推动学科前沿发展的重任。因此，教育类期刊只有明确了办刊使命、办刊思想，才能做到正确定位和健康发展。

第二，在发展战略上，始终做到坚守与变革的辩证统一。一方面教育类期刊作为传统出版领域的行业性媒体，教育事业及其受众群体既是教育类期刊的服务对象，也是教育类期刊生存、发展的根基。因此，要坚守教育事业、教育科学传播的阵地，凝练专业特色、提升办刊质量。另一方面，教育类期刊还要紧跟时代步伐，贯彻落实国家建设社会主义文化强国的战略，以文化体制改革和新闻出版体制改革为契机，创新办刊模式、激活事业发展。

第三，在宣传、推广策略上，要不断改革创新。一方面要多层次、多角度地扩大教育类期刊宣传力度，转变经营思路，探索新的发行渠道，找到唯我所有、别人所无的发展空间；另一方面要努力盘活办刊资源，通过体制机制创新，提高市场竞争力。

第四，在教育类期刊核心竞争力的打造上，要以个性塑造为中心、以学术质量为保障，形成特色、树立品牌，不断提升教育类期刊的公信力和传播力，真正实现教育类期刊的可持续发展。

基于以上思考，多位具有丰富的教育类期刊办刊经验的学者、编辑，本着对教育事业负责任的理性态度和建设性的学术立场，自愿组合，分工合作，共同撰写本书。陈丽萍博士负责本书的结构和框架，提出本书的研究思路和撰写大纲，主持审稿、统稿和定稿工作。具体章节的撰写者如下：第1章由董险峰博士撰写；第2章由陈丽萍博士撰写；第3章由李改博士、罗俊老师撰写；第4章由刘新丽老师撰写；第5章由陈丽萍博士撰写；第6章由孙恭恒老师、李改博士、杜玉杰老师、郑娟老师撰写。教育管理杂志社郑娟老师、孙燕兰老师，辽宁人民出版社张天恒老师负责校稿工作；樊平军博士、石连海博士参与了本书的研究工作，并为本书研究提供了大量的第一手资料；在本书的撰写过程中，得到国家教育行政学院的领导、同事们的帮助和支持，得到北京师范大学副校长韩震教授、西南大学副校长靳玉乐教授的科研指导，他们提出了大量的宝贵意见，我们在此表示衷心的感谢！这种缘于教育事业和社会科学研究而凝聚其中的合作精神与学术友谊，实属难能可贵，值得我们格外珍惜！教育科学出版社为本书的出版给予了大力的支持和帮助，在此一并致以谢意！

本书在撰写过程中参阅了大量的文献资料，引用了一些研究者的成果，我们尽可能给予说明与注释，但对于挂一漏万者，我们深表歉意与谢意！我们深知，本书中还有许多不完善之处，真诚期望学界、业界的同仁和广大读者不吝赐教！

偏爱满纸皆佳妙，掩卷唯留墨色香；笔耕不辍探真理，瑞露高枝起华章！愿我们的研究能够对教育类期刊持续、健康、科学发展起到积极的引导和推动作用！

陈丽萍

2012 年 11 月 28 日于北京大兴

出 版 人　所广一
责任编辑　孔　军
版式设计　孙欢欢
责任校对　贾静芳
责任印制　曲凤玲

图书在版编目(CIP)数据

教育类期刊可持续发展研究/陈丽萍等著.—北京：
教育科学出版社,2013.1
ISBN 978 - 7 - 5041 - 6990 - 7

Ⅰ.①教… Ⅱ.①陈… Ⅲ.①教育—期刊工作—研究—
中国 Ⅳ.①G237.5

中国版本图书馆 CIP 数据核字(2012)第 229517 号

教育类期刊可持续发展研究
JIAOYULEI QIKAN KECHIXU FAZHAN YANJIU

出版发行	教育科学出版社		
社　　址	北京·朝阳区安慧北里安园甲 9 号	市场部电话	010 - 64989009
邮　　编	100101	编辑部电话	010 - 64981167
传　　真	010 - 64891796	网　　址	http://www.esph.com.cn
经　　销	各地新华书店		
制　　作	北京金奥都图文制作中心		
印　　刷	保定市中画美凯印刷有限公司		
开　　本	155 毫米×229 毫米　16 开	版　　次	2013 年 1 月第 1 版
印　　张	13.5	印　　次	2013 年 1 月第 1 次印刷
字　　数	180 千	定　　价	35.00 元

如有印装质量问题，请到所购图书销售部门联系调换。